El LENGUAJE SECRETO de las FLORES

Una guía ilustrada

S. Theresa Dietz

Librero

Título original: *The Complete Language of Flowers*

Hambakenwetering 8B
5231 DC 's-Hertogenbosch
Países Bajos
www.librero.nl

Primera edición en 2020 a cargo de Wellfleet Press,
un sello editorial de The Quarto Group
Edición publicada con permiso de Quarto Publishing plc.

Editora del grupo: Rage Kindelsperger
Directora creativa: Laura Drew
Directora editorial: Cara Donaldson
Editor sénior: John Foster
Directora artística: Cindy Samargia Laun
Diseño de cubierta e interiores: Laura Klynstra

Producción de la edición española:
Traducción: Judith Raigal
para Delivering iBooks & Design
Redacción y maquetación:
Delivering iBooks & Design, Barcelona

Distribución exclusiva de la edición española:
Librero IBP S. L.
C/ Paseo de los Olmos, n.º 20
Planta 1.ª, oficina 7
28005 Madrid, España
www.librero-ibp.es

Printed in Huizhou City, Guangdong, China TT032026

ISBN: 978-94-6499-077-5

ÍNDICE

INTRODUCCIÓN

Este libro pretende ser una obra de referencia entretenida, atractiva e informativa que consolide la diversa —y a veces contradictoria— información recopilada sobre este tema a lo largo de las dos últimas décadas. Al compartirlo, mi intención y esperanza era ofrecer una visión sobre el simbolismo y el poder potencial de ciertos árboles, plantas y flores, junto con sus semillas, cortezas, raíces y derivados.

Hubo una época en la que estaba de moda enviar mensajes secretos a través de una cuidadosa selección de flores. Los victorianos estaban fascinados con este método, que resultaba profundamente romántico, siempre y cuando se usara el mismo libro de lenguaje floral para codificar y decodificar los mensajes. Sin embargo, esto no siempre ocurría, y los mensajes secretos, con frecuencia, se malinterpretaban y, como consecuencia, se rompieron muchos corazones. Es posible que algunos de los giros más melodramáticos de la vida fueran la triste consecuencia de interpretaciones erróneas provocadas por los significados contradictorios de una simple flor en un pequeño ramillete.

Con el tiempo, la moda de enviar mensajes a través de enigmáticos ramilletes de flores cayó en desuso. Sin embargo, hay cosas que no cambian. Por ejemplo, en cualquier época, recibir una *Rosa* suele representar un gesto de afecto y por eso no es de extrañar que la *Rosa* —especialmente la roja— sea la flor que más se regala en San Valentín. O que el hecho de entregar flores marchitas de manera intencionada transmite un mensaje opuesto, y genera una respuesta emocional totalmente distinta. Y es que, al fin y al cabo, el lenguaje tácito y en cierto modo secreto de las flores puede ser sorprendentemente elocuente.

Mucho antes de que los victorianos popularizaran el uso de ramilletes de flores para intercambiar mensajes de amor sugerentes y a menudo apasionados, todas las grandes religiones del mundo ya veneraban al menos una planta considerada especialmente sagrada. Por ejemplo, en el judaísmo, el islam, el cristianismo y el budismo, el primer símbolo de la vegetación que se honra solemnemente es el de un árbol. Sin embargo, nunca sabremos con certeza cuál pudo ser la especie del árbol del conocimiento del bien y del mal, el mítico árbol que, según cuentan, se encontraba en el jardín del Edén. La estrella simbólica que se observa claramente en el interior de un fruto cortado del manzano (*Malus domestica*) ayuda a entender cómo esta fruta se convirtió, semioficialmente, en la «fruta prohibida» y dejó una huella tan perdurable que acabó por adquirir un lugar legítimo y poderoso en la magia.

Sabemos también que, en el caso de Buda, hubo un momento en su desarrollo espiritual en el que alcanzó la revelación y la iluminación mientras meditaba a la sombra de un *Ficus religiosa*, conocido como el árbol Bodhi. Cuenta la leyenda que, aunque ese árbol en concreto ya no existe, aún sobrevive un esqueje que fue tomado de él, conservando su esencia y simbolismo a través del tiempo. El poder de ambos árboles sigue siendo espiritualmente palpable y siempre lo será: uno claramente visible y de profundo significado, y el otro, invisible pero igualmente impactante.

En cualquier caso, tener en cuenta el poder de cada planta resulta valioso al diseñar un jardín que invite a la energía positiva a fluir por toda la casa, enriqueciéndola y protegiéndola. También resulta útil para alejar y bloquear potencialmente la energía negativa que pueda interferir en el hogar.

Incluso sin un jardín propio, seleccionar flores con un significado personal y pertinente es una forma de desear buena suerte y atraer energías positivas. Esto cobra especial importancia al planificar un evento significativo, como bodas y celebraciones, en los que las flores tienen un protagonismo especial.

Y para finalizar, una última reflexión: en la magia popular, la elección de una planta específica para un ritual depende de la confianza en el poder inherente que se le atribuye. Se escoge una planta en lugar de otra porque se cree que contiene la energía deseada para potenciar un amuleto, talismán o hechizo determinado. Confiamos en las plantas y sus derivados porque el tiempo y la práctica han demostrado su eficacia y su potencia mágica. Por ejemplo, una planta tan humilde y ampliamente accesible como una pequeña brizna común de *Taraxacum officinale* (diente de león) ha sido utilizada con éxito durante generaciones, desde los más jóvenes hasta los más ancianos, para pedir grandes deseos. Y no veo razón alguna para que esta práctica no continúe en el futuro.

Cómo UTILIZAR *este* LIBRO

Las plantas presentadas en este libro están organizadas alfabéticamente por su nombre científico, con cada entrada numerada a partir del 001. Así, si se conoce la denominación científica de una planta específica, encontrarla en el cuerpo del libro es sencillo. En algunos casos, puede ocurrir que una planta se haya reclasificado y reciba un nuevo nombre. De ser así, el nombre antiguo se muestra como uno de los nombres comunes.

Si solo conoce el nombre común de una planta, puede buscarlo en el índice de nombres comunes de flores, que comienza en la página 163. Allí podrá localizar el número de la planta y consultarla fácilmente en el volumen. También se incluye un índice de significados comunes de las flores, que empieza en la página 171, en el que figuran los significados y las asociaciones más conocidos de las flores más populares junto con los códigos correspondientes.

Es importante destacar que no se especifica en el texto qué parte o partes de cada planta son tóxicas, en qué condiciones lo son, o si su toxicidad disminuye con el tiempo o la maduración. *Hay que tener muy presente que algunas plantas son tan extremadamente venenosas que basta con tocarlas o inhalar el humo de su combustión para poner en riesgo la vida.* Por lo tanto, en este libro, bajo ninguna circunstancia se sugiere ingerir, inhalar o aplicar directamente sobre la piel ninguna de las plantas mencionadas. Es fundamental investigar a fondo antes de tocar cualquier planta desconocida. Internet ofrece una excelente fuente de información científica.

Es esencial informarse, protegerse y disfrutar de los poderes naturales de los árboles, plantas y flores, compartiendo siempre con los destinatarios de los regalos florales el significado y la intención que hay detrás de cada obsequio. Y, por favor, independientemente de lo que decida hacer o cuándo: recuerde *no* ofender jamás a las hadas.

Núm. 000 Este es el número de referencia que se debe utilizar al buscar en los índices.

El nombre científico principal aparece en cursiva.

☠ *Símbolo de toxicidad (cuando corresponda)*

SIGNIFICADOS SIMBÓLICOS: soy tímido/a, sufro de amor por ti, te amo, ven a mí, etc.

POSIBLES PODERES: amor, curación, protección, etc.

CURIOSIDADES: fragmentos de información real o ficticia relacionados con la planta, según corresponda.

Núm. 001

Abutilon

SIGNIFICADOS SIMBÓLICOS

Iluminación, meditación

CURIOSIDADES

Abutilon suele ser naranja o amarillo, pero también puede ser rosa o rojo.

Núm. 002

Acacia

SIGNIFICADOS SIMBÓLICOS

Amistad, amor casto, amor oculto, amor platónico, amor secreto, elegancia, inmortalidad, perseverancia del alma, pureza, resurrección, sensibilidad.

POSIBLES PODERES

Abundancia, adivinación, ahuyenta demonios, ahuyentar fantasmas, amistad, amor, crecimiento, curación, destierro, dinero, energía, éxito, exorcismo, júbilo, liderazgo, luz, poder natural, progreso, protección, purificación, sueños proféticos, vida, voluntad consciente.

CURIOSIDADES

Según cuenta la leyenda, la *Acacia* podría haber sido la zarza ardiente con la que se encontró Moisés en el Éxodo 3:2 de la Biblia.

Núm. 003

Achillea millefolium ☠

SIGNIFICADOS SIMBÓLICOS

Amor, coraje, curación, desamor, guerra, poderes psíquicos.

POSIBLES PODERES

Amistad, armonía, atracción, belleza, coraje, cura para el desamor, curación, exorcismo, júbilo, las artes, placer, poderes psíquicos, protección, salud, sensualidad, talentos.

CURIOSIDADES

En el Yijing (I Ching) tradicional, se lanzan tallos secos de *Achillea millefolium* para obtener la forma a partir de la cual se adivina el futuro. • También se creía que si se utilizaba *Achillea millefolium* como decoración nupcial y se colgaba sobre el lecho matrimonial, se aseguraban siete años de amor verdadero. • Lleve encima *Achillea millefolium* para tener coraje y protección. • Lleve encima *Achillea millefolium* para atraer amigos. • Use *Achillea millefolium* para desterrar el mal de cualquier lugar, cosa o persona.

Núm. 004

Achimenes

SIGNIFICADOS SIMBÓLICOS

Semejante valor es poco frecuente.

CURIOSIDADES

El apodo de «planta de agua caliente» se debe a que algunos jardineros creían que el agua caliente provocaba un efecto de choque en la *Achimenes* que la hacía florecer.

Núm. 005

Aconitum napellus ☠

SIGNIFICADOS SIMBÓLICOS

Amor fraternal, caballero, caballero errante, caballerosidad, cautela, engaño, galantería, misantropía, palabras envenenadas, se acerca un enemigo, se acerca un enemigo mortal, se acerca un peligro, templanza, traición.

POSIBLES PODERES

Cura para los hombres lobo, equilibrio, invisibilidad, neutralización, protección contra los hombres lobo, protección contra los vampiros.

CURIOSIDADES

Hacia el final del antiguo periodo romano de la historia europea, se prohibió el *Aconitum napellus*. Si se descubría que alguien lo cultivaba, se le podía condenar a muerte. • En la época medieval, la planta *Aconitum napellus* se asociaba a las brujas. • Para efectos sanadores, ensarte semillas de *Aconitum napellus* como si fueran cuentas y llévelas alrededor del cuello o la muñeca. • Lleve semillas de *Aconitum napellus* dentro de la piel seca de un lagarto para volverte invisible siempre que quieras.

Núm. 006

Allium ampeloprasum

SIGNIFICADOS SIMBÓLICOS

Presencia persistente

POSIBLES PODERES

Amor, exorcismo, protección

CURIOSIDADES

Se cree que los pueblos prehistóricos introdujeron la especie *Allium ampeloprasum* en el suroeste de Inglaterra y Gales.

Núm. 007

Allium cepa

SIGNIFICADOS SIMBÓLICOS

Descarga emocional, protección multinivel

POSIBLES PODERES

Curación, dinero, espiritualidad, exorcismo, limpieza espiritual, lujuria, protección, purificación, sueños proféticos

CURIOSIDADES

Los antiguos egipcios veneraban la *Allium cepa*, ya que su forma redonda, las capas y los anillos concéntricos que presenta al cortarla simbolizaban la vida eterna y se utilizaban en los entierros. • En la Edad Media, la *Allium cepa* era tan valiosa que la gente regalaba bulbos de esta planta e incluso los usaba para pagar su arrendamiento. • La *Allium cepa* se utiliza habitualmente como antídoto contra ataques psíquicos o para detectar y luego eliminar la energía negativa de una vivienda. Para ello, hay que cortar un bulbo en cuartos y colocar los trozos en los lugares en los que la negatividad parezca evidente, que suele ser en las zonas en que se duerme. Retire los cuartos de *Allium cepa* doce horas después, y saque los trozos fuera de casa para tirarlos. Renueve los trozos *Allium cepa* todas las noches. • Los primeros colonos americanos colgaban ristras de *Allium cepa* sobre las puertas para proteger a los habitantes de la casa de infecciones. • Un método de adivinación interesante para cuando tenga que tomar una decisión consiste en utilizar la *Allium cepa* para que decida por usted. Para hacerlo hay que tallar un bulbo de *Allium cepa* distinto para cada opción. A continuación, hay que ponerlos en un lugar oscuro e ir revisándolos una vez al día. El primero que brote proporcionará la respuesta.

Núm. 008

Allium oschaninii

SIGNIFICADOS SIMBÓLICOS

Amor no correspondido, tierra de astolet

POSIBLES PODERES

Purificación

CURIOSIDADES

La «Tierra de Astolet» forma parte de la leyenda artúrica, siendo el lugar donde se alza el castillo de Elaine, la dama que falleció víctima de un desamor al no ser correspondida por *sir* Lancelot.

Núm. 009

Allium sativum

SIGNIFICADOS SIMBÓLICOS

Coraje, fuerza, recuperación

POSIBLES PODERES

Afrodisíaco, ahuyentar a los hombres lobo, ahuyentar a los vampiros, ahuyenta el mal, ahuyenta el mal de ojo, ahuyentar la enfermedad, amor no correspondido, antirrobo, curación, exorcismo, lujuria, protección, protección contra los hombres lobo, protección contra los malos espíritus, protección contra los vampiros

CURIOSIDADES

En los primeros escritos sánscritos y también en el *Shih Ching* (*The Book of Songs*), escrito por Confucio, menciona el *Allium sativum*. • Un torero supersticioso se pondrá un *Allium sativum* colgado del cuello para protegerse antes de una corrida de toros. • Soñar con *Allium sativum* augura buena suerte; soñar que regala *Allium sativum* augura mala suerte. • Colocar una corona de *Allium sativum* en la puerta de una casa ahuyenta a las brujas y a los vampiros psíquicos. • Colgarse un diente de *Allium sativum* protege al viajero. • Se cree que el *Allium sativum* crece durante la luna menguante. • Los marineros deben llevar *Allium sativum* a bordo para protegerse de los naufragios.

Núm. 010

Allium schoenoprasum

SIGNIFICADOS SIMBÓLICOS

Utilidad, por qué lloras

POSIBLES PODERES

Curación, promueve los poderes psíquicos, protección contra el mal, protección contra la negatividad

CURIOSIDADES

Hubo una época en que se colgaban ramos de *Allium schoenoprasum* en las casas para ahuyentar a los malos espíritus. • Los primeros colonos holandeses de EE. UU. plantaron deliberadamente *Allium schoenoprasum* en los campos de pasto de su ganado para disfrutar de la leche naturalmente aromatizada con su sabor característico.

Núm. 011

Allium tuberosum

SIGNIFICADOS SIMBÓLICOS

Coraje, fuerza

POSIBLES PODERES

Poderes psíquicos, protección, sueños proféticos

CURIOSIDADES

Aunque las hojas huelen a cebolla, cuando se cortan o se machacan, la fragancia de la flor de *Allium tuberosum* recuerda a la de la violeta.

Núm. 012

Aloe vera

SIG. SIMBÓLICOS

Amargura, charla trivial, desánimo, duelo, integridad, pena, sabiduría, sanador más eficaz, suerte, superstición, superstición religiosa

POSIBLES PODERES

Atrae la buena suerte, cura, evita sentimientos de soledad, éxito mundano, previene accidentes domésticos, protección, protege contra influencias malignas, refugio contra daños, repele el mal, seguridad, éxito mundano

CURIOSIDADES

Se ha plantado *Aloe vera* en tumbas para ayudar a promover la paz previa a la reencarnación. • Se han descubierto dibujos de *Aloe vera* en las paredes de las tumbas de los faraones egipcios. • Se siguen investigando los amplios beneficios de la planta *Aloe vera*. • Cultivar *Aloe vera* como planta de interior protege de los accidentes domésticos y el mal. • Colgar *Aloe vera* sobre puertas y ventanas, ahuyenta el mal y atrae la suerte.

Núm. 013

Alopecurus pratensis

SIGNIFICADOS SIMBÓLICOS

Astucia, deporte, deportividad, diversión

CURIOSIDADES

Las flores en forma de pincel de *Alopecurus pratensis* recuerdan la cola tupida de un zorro.

Núm. 014

Aloysia citrodora

SIGNIFICADOS SIMBÓLICOS

Amor, atracción, atracción sexual, atractivo sexual, atrae al sexo opuesto

POSIBLES PODERES

Amistad, amor, armonía, arte, atracción, belleza, júbilo, placer, protección, purificación, regalos, sensualidad

CURIOSIDADES

Puede añadir *Aloysia citrodora* al agua del baño para purificarse de las energías negativas.

Núm. 015

Alpinia

SIGNIFICADOS SIMBÓLICOS

Agradable, calidez, diversidad, fuerza, opulencia, reconfortante, riqueza, riqueza ilimitada, seguridad

POSIBLES PODERES

Abundancia, accidentes, agresión, alegría, amistad, amor, avance, conflicto, crecimiento, curación, deseos carnales, dinero, energía, éxito, fuerza, guerra, ira, liderazgo, lucha, lujuria, luz, maquinaria, música rock, poder, poder natural, vida, voluntad consciente

CURIOSIDADES

Las flores y las hojas de *Alpinia* son las que dan a los arreglos florales tropicales su aspecto sorprendentemente exótico.

Núm. 016

Alpinia galanga

SIGNIFICADOS SIMBÓLICOS

Aromática

POSIBLES PODERES

Asuntos legales, lujuria, poderes psíquicos, protección, ruptura de maleficios, salud

CURIOSIDADES

Lleve encima o póngase *Alpinia galanga* para potenciar sus capacidades psíquicas. • Lleve encima o póngase *Alpinia galanga* para atraer buena suerte. • Ponga *Alpinia galanga* en una bolsita de cuero con monedas de plata para atraer el dinero. • Para fomentar la libido, espolvoree *Alpinia galanga* por la casa.

Núm. 017

Alstroemeria ☠

SIGNIFICADOS SIMBÓLICOS

Vínculo poderoso

POSIBLES PODERES

Fortuna, longevidad, prosperidad, riqueza, vínculo poderoso con otra persona

CURIOSIDADES

Las flores de *Alstroemeria* no tienen fragancia.

Núm. 018

Althaea officinalis

SIGNIFICADOS SIMBÓLICOS

Morir por amor, soltería

POSIBLES PODERES

Aplicar el conocimiento, atraer a los buenos espíritus, beneficencia, control de los principios inferiores, descubrir secretos, eliminar la depresión, encontrar objetos perdidos, persuasión, plano astral, poderes psíquicos, protección, regeneración, sensualidad, superar el mal, victoria

CURIOSIDADES

Lleve *Althaea officinalis* en una bolsita para estimular el poder psíquico. • Se cree que la planta *Althaea officinalis* atrae a los buenos espíritus. • Poner un jarrón de *Althaea officinalis* en la ventana hará volver a un amante que se ha alejado.

Núm. 019

Alyssum

SIGNIFICADOS SIMBÓLICOS
Valor más allá de la belleza

POSIBLES PODERES
Calmar la ira, moderar la ira, protección

CURIOSIDADES
Alyssum expulsará los hechizos negativos si se lleva como amuleto. • Puede calmar a una persona enfadada, si se coloca en su mano o cuerpo. • Si se cuelga *Alyssum* en casa, puede proteger a los que están en ella contra ilusiones y fascinaciones impuestas mágicamente.

Núm. 020

Amaranthus

SIGNIFICADOS SIMBÓLICOS
Amor infinito, fidelidad, flor que nunca se marchita, imperecedero, inmortalidad

POSIBLES PODERES
Curación, inmortalidad, invisibilidad, protección, protección contra accidentes domésticos, protección contra el mal, protección contra quemaduras de cocina

CURIOSIDADES
Si alguien se pone una guirnalda o corona de esta planta, facilita su invisibilidad. • En la antigua Grecia se creía con tanta firmeza que *Amaranthus* era un símbolo fuerte de inmortalidad que solían esparcir flores de *Amaranthus* sobre las tumbas. • Lleve consigo flores secas de *Amaranthus* para curar un corazón roto.

Núm. 021

Amaranthus caudatus

SIGNIFICADOS SIMBÓLICOS
Deserción, desesperanza, sin esperanza pero no sin corazón, sin esperanza

POSIBLES PODERES
Ataque mágico, protección mágica

CURIOSIDADES
Las *Amaranthus caudatus* que se suelen plantar en los bordes de los jardines parecen palitos de chenilla curvados.

Núm. 022

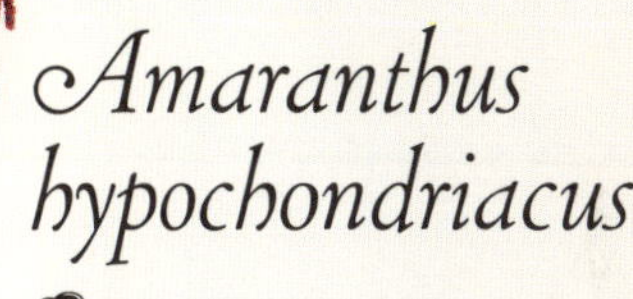

Amaranthus hypochondriacus

SIGNIFICADOS SIMBÓLICOS
A la espera, amor

POSIBLES PODERES
Curación, invisibilidad, protección

CURIOSIDADES
Los españoles coloniales prohibieron en su día la planta *Amaranthus hypochondriacus* en México porque se utilizaba en rituales aztecas. • Se cree que un collar de flores de *Amaranthus hypochondriacus* colocado sobre la cabeza acelera la curación. • Se cree que con *Amaranthus hypochondriacus* se puede curar un corazón roto. • Se supone que llevar una corona de *Amaranthus hypochondriacus* confiere al portador el poder de la invisibilidad.

Núm. 023

Apium graveolens

SIGNIFICADOS SIMBÓLICOS
Banquete, conocimiento útil, deleite, entretenimiento, festividad, fiesta, placeres duraderos, regocijo

POSIBLES PODERES
Afrodisíaco, claridad mental, concentración, equilibrio, lujuria, poderes mentales, poderes psíquicos, sueño, virilidad masculina

CURIOSIDADES
En la antigua Grecia, el *Apium graveolens* gozaba de la misma estima que el *Laurus nobilis* (laurel), y lo utilizaban para confeccionar las coronas con las que entronizaban a los atletas.

Núm. 024

Aquilaria malaccensis ☠

SIGNIFICADOS SIMBÓLICOS
Espíritu de la vida

POSIBLES PODERES
Amor, atrae el amor, atrae la buena suerte, espiritualidad

CURIOSIDADES
Lleve encima *Aquilaria malaccensis* para atraer el amor. • Se ha utilizado *Aquilaria malaccensis* en magia durante siglos para atraer la buena fortuna y el amor. • Debido a la pérdida de su hábitat en estado salvaje y al aumento de la recolección y el comercio ilegales, el árbol *Aquilaria malaccensis* está tan amenazado que se considera «extinguido» en estado salvaje. • El *Aquilaria malaccensis* es la fuente de la madera de agar resinosa, que se utiliza en la fabricación de perfumes e incienso y tiene tanta importancia espiritual que se venera en los textos sagrados de las principales religiones del mundo.

Núm. 025

Aquilegia ☠

SIGNIFICADOS SIMBÓLICOS
Amor, amor desamparado, coraje, cornudez, deserción, fuerza, insensatez, locura, sabiduría

SIGNIFICADO ESPECÍFICO POR COLOR Morado: decidido a ganar

SIGNIFICADO ESPECÍFICO POR COLOR
Rojo: ansioso, ansioso y tembloroso, tembloroso

POSIBLES PODERES
Amor, coraje

CURIOSIDADES
La planta *Aquilegia* se ha considerado un símbolo de insensatez porque la flor parece un gorro de bufón con cascabeles. • Da mala suerte regalar una flor de *Aquilegia* a una mujer. • La *Aquilegia* se considera una de las flores silvestres más bellas del mundo. • Lleve consigo una flor de *Aquilegia* para tener coraje. • Ponga semillas de *Aquilegia* en una bolsita y llévela consigo para atraer el amor.

Núm. 026

Araucaria heterophylla ☠

SIGNIFICADOS SIMBÓLICOS
De hojas variadas

POSIBLES PODERES
Contra el hambre, protección

CURIOSIDADES
Si se cultiva cerca de casa o como planta de interior en maceta, se cree que la *Araucaria heterophylla* protege de los malos espíritus y el hambre. • La *Araucaria heterophylla* puede crecer 30 metros o más de alto y llegar a medir hasta 18 metros de ancho.

Núm. 027

Arbutus unedo

SIGNIFICADOS SIMBÓLICOS

Amor estimado, estima y amor

POSIBLES PODERES

Exorcismo, protección

CURIOSIDADES

Hay casos de intoxicación de osos por comer bayas fermentadas de *Arbutus unedo*. • Los romanos de la antigüedad lo usaban para proteger a los niños pequeños del mal que les rodeaba.

Núm. 028

Arctium lappa

SIGNIFICADOS SIMBÓLICOS

Falsedad, inoportunidad, no me toques

POSIBLES PODERES

Curación, protección

• Frutos de *Arctium lappa*: Me cansas, rudeza

CURIOSIDADES

Velcro se inspiró en el fruto de *Arctium lappa*. • Las raíces de *Arctium lappa* recogidas durante la luna menguante, cortadas en trozos cortos, ensartadas en un hilo rojo y luego secadas, pueden llevarse como un collar de cuentas como protección contra la negatividad y el mal. • Pegue discretamente frutos de *Arctium lappa* por la casa para ahuyentar la negatividad.

Núm. 029

Arctostaphylos uva-ursi ☠

SIGNIFICADOS SIMBÓLICOS

Uva del oso

POSIBLES PODERES

Accionamientos y poderes psíquicos

CURIOSIDADES

A los osos salvajes les gustan mucho los frutos de *Arctostaphylos uva-ursi*.

Núm. 030

Arecaceae

SIGNIFICADOS SIMBÓLICOS

Espiritual, fertilidad, los trópicos, paz, vacaciones, victoria y éxito, victorioso

CURIOSIDADES

Arecaceae es la imagen icónica mundial que simboliza los trópicos y unas vacaciones de descanso.

Núm. 031

Arisaema dracontium ☠

SIGNIFICADOS SIMBÓLICOS

Enardecimiento

CURIOSIDADES

La *Arisaema dracontium* se considera una planta amenazada y en peligro en estado salvaje.

Núm. 032

Armoracia rusticana

SIGNIFICADOS SIMBÓLICOS

Amargura de la esclavitud

POSIBLES PODERES

Exorcismo, purificación

CURIOSIDADES

Se supone que ponerse un trozo de *Armoracia rusticana* en el bolso o en el bolsillo durante la Nochevieja promete tener un año de estabilidad financiera. • En la mitología griega, el Oráculo de Delfos dijo una vez a Apolo que la planta *Armoracia rusticana* valía su peso en oro. • Para eliminar todos los poderes malignos y disipar los hechizos negativos lanzados sobre su casa, espolvoree *Armoracia rusticana* seca molida por toda la casa, en los escalones de entrada a la vivienda, en el alféizar de todas las ventanas y en todos los rincones.

Núm. 033

Astilbe chinensis

SIGNIFICADOS SIMBÓLICOS

Deslucido, sin brillo

CURIOSIDADES

Astilbe chinensis tiene unas interesantes flores esponjosas parecidas a penachos que se secan bien.

Núm. 034

Astragalus ☠

SIGNIFICADOS SIMBÓLICOS

Tu presencia alivia mi dolor

CURIOSIDADES

Astragalus representa un peligro en cualquier campo de pasto, ya que afecta a las mentes de los animales; se comportan de un modo antinatural y parecen enloquecidos.

Núm. 035

Astragalus glycyphyllos ☠

SIGNIFICADOS SIMBÓLICOS

Declaro estar en tu contra

POSIBLES PODERES

Coraje

CURIOSIDADES

En Finlandia, *Astragalus glycyphyllos* se considera una «especie en grave peligro de extinción» y está protegida en todo el país.

Núm. 036

Atropa belladonna ☠

SIGNIFICADOS SIMBÓLICOS

Advertencia, falsedad, silencio, silencio, soledad

POSIBLES PODERES

Alucinaciones, proyección astral, visiones, vuelo alucinatorio de bruja

CURIOSIDADES

Todas las partes de la *Atropa belladonna* son mortalmente venenosas y deben evitarse por completo.

Núm. 037

Aurinia saxatilis

SIGNIFICADOS SIMBÓLICOS

Tranquilidad

CURIOSIDADES

En primavera, cuando aparezcan las flores de *Aurinia saxatilis*, cubrirán completamente la planta hasta ocultar el follaje.

Núm. 038

Avena fatua

SIGNIFICADOS SIMBÓLICOS

Alma hechicera de la música, música, musical

POSIBLES PODERES

Curación, dinero

CURIOSIDADES

La *Avena fatua* naturalizada es un cereal que se cultiva desde los primeros años de la Edad de Hierro. • Unas pocas plantas invasoras de avena silvestre bastan para causar daños significativos en un cultivo de avena u otros cereales. Su alta capacidad competitiva les permite agotar los recursos y la humedad del suelo. Además, compiten por la luz, lo que ocasiona una gran pérdida de rendimiento y reduce la calidad general de la cosecha. • Hoy, no existe ningún herbicida capaz de controlar selectivamente la invasión de avena silvestre en un cultivo de avena. • Gestionar y controlar la avena silvestre requiere un esfuerzo que puede ser muy laborioso y costoso. • En la Edad Media, se creía que la avena silvestre atraía a los vampiros, lo que dio origen a la práctica de colocar guirnaldas de ajos en las puertas y ventanas de las casas como protección. • La paja de avena silvestre también puede usarse para fabricar objetos mágicos tejidos, como talismanes, amuletos o varitas mágicas.

Núm. 039

Avena sativa

SIGNIFICADOS SIMBÓLICOS

Alma hechicera de la música, música, musical

POSIBLES PODERES

Dinero

Núm. 040

Azadirachta indica

SIGNIFICADOS SIMBÓLICOS

A la vida, imperecedero, la cura, libertad, noble, perfecto, plenitud, vida, vivir

POSIBLES PODERES

Curación

Núm. 041

Azalea ☠

SIGNIFICADOS SIMBÓLICOS

Cuídese, cuídese por mí, feminidad, frágil, fragilidad, modestia, paciencia, pasión, pasión frágil, pasión temporal, romance, templanza

CURIOSIDADES

La miel producida por las abejas que recogen el polen de las flores de *Azalea* es muy tóxica.

B

Núm. 042

Bambusa vulgaris

SIGNIFICADOS SIMBÓLICOS

Anhelo, buena fortuna, cita, firmeza, fuerza, lealtad, protección, suerte

POSIBLES PODERES

Deseos, protección, representa los cuatro elementos (aire, agua, fuego y tierra), rompe maleficios, suerte

CURIOSIDADES

Talle un deseo en un trozo de *Bambusa vulgaris* y entiérrelo. • Para proteger su hogar y para tener buena suerte, talle los símbolos de la protección y la buena suerte en un trozo de *Bambusa vulgaris*. Plántelo en el suelo cerca de la casa y cuídelo para que crezca.

Núm. 043

Begonia ☠

SIGNIFICADOS SIMBÓLICOS

Advertir, bondad, cuidado, deforme, deformidad, enviar una advertencia, equilibrio, fantasioso/a, naturaleza fantasiosa, naturaleza fantasiosa, ser cordial

POSIBLES PODERES

Capacidad psíquica, conciencia aumentada

Núm. 044

Begonia x tuberhybrida ☠

SIGNIFICADOS SIMBÓLICOS

Amistad pacífica, cautela, cuidado, el doble de bueno, peligro

POSIBLES PODERES

Inicio de una alianza pacífica, mayor conciencia del peligro potencial

CURIOSIDADES

La *Begonia x tuberhybrida* puede ser útil para fomentar que las comunicaciones potencialmente conflictivas entre partes sean tranquilas y pacíficas.

Núm. 045

Bellis perennis ☠

SIGNIFICADOS SIMBÓLICOS

Actitud eternamente joven, alegría, alegría, alegría infantil, amor leal, belleza, belleza e inocencia, comparto tus sentimientos, creatividad, decisiones, desprecio de los bienes terrenales, fe, fuerza, gentileza, gentileza por parte de quien da y de quien recibe, inocencia, me amas, nunca lo contaré, participo de tus sentimientos, pensaré en ello, pureza, simpleza, simplificar, tienes tantas virtudes como pétalos tiene esta margarita

POSIBLES PODERES

Adivinación, adivinación para el amor, amor, fuerza interior, lujuria, mayor conciencia

CURIOSIDADES

La *Bellis perennis* es una flor de carácter sentimental y muy querida entre los amantes, los poetas y los niños. • Antiguamente se creía que si se envolvía a un niño con una cadena de *Bellis perennis*, esta evitaría que las hadas lo robaran • Si duerme con una raíz de *Bellis perennis* bajo la almohada, tal vez regrese su amante perdido. • Lleve encima una *Bellis perennis* para atraer el amor. • Se creía que la persona que recogiera la primera *Bellis perennis* de la temporada sería irrefrenablemente cortejada.

Núm. 046

Berberis ☠

SIGNIFICADOS SIMBÓLICOS

Agudeza, amargura, humor agudo, humor amargo, mal humor, petulancia, sátira

CURIOSIDADES

Una leyenda italiana afirma que se utilizó *Berberis* en la corona de espinas que obligaron a llevar a Jesús.

Núm. 047

Bertholletia excelsa

SIGNIFICADOS SIMBÓLICOS

Preparación

POSIBLES PODERES

Amor

CURIOSIDADES

Lleve consigo una nuez de *Bertholletia excelsa* como talismán para tener buena suerte en el amor. • En Brasil es ilegal talar un árbol de *Bertolletia excelsa*.

Núm. 048

Beta vulgaris

SIGNIFICADOS SIMBÓLICOS

Amor, corazón, sangre

POSIBLES PODERES

Afrodisíaco Amor

CURIOSIDADES

Utilice zumo de *Beta vulgaris* para escribir palabras de amor a un amante. • Si una mujer y un hombre comen de la misma raíz de *Beta vulgari* se enamorarán.

Núm. 049

Betula

SIGNIFICADOS SIMBÓLICOS

Adaptabilidad, crecimiento, elegancia, espíritu pionero, estabilidad, gracia, gracilidad, iniciación, mansedumbre, renovación, sueños, transformación

POSIBLES PODERES

Exorcismo, protección, purificación, viaje astral

CURIOSIDADES

Antiguamente se fabricaban cunas con madera de *Betula* para proteger del mal a los bebés. • Golpee suavemente a una persona sospechosa de estar poseída con ramitas de *Betula* para limpiarla y curarla de la dolencia. • En Rusia, era costumbre atar una cinta roja alrededor de un árbol o rama de *Betula*para ponérsela con el fin de repeler o expulsar de uno mismo el mal de ojo. • Se sabía que una escoba de bruja tradicional estaba hecha de ramitas de *Betula*.

Núm. 050

Billardiera

SIGNIFICADOS SIMBÓLICOS

Esperanza para que lleguen días mejores

CURIOSIDADES

Las hojas de *Billardiera* son estrechas y tienen un aspecto coriáceo.

Núm. 051

Borago officinalis

SIGNIFICADOS SIMBÓLICOS

Brusquedad, franqueza, rudeza, valentía

POSIBLES PODERES

Poderes psíquicos, sensación de bienestar, valor

CURIOSIDADES

Las flores de *Borago officinalis* de cinco puntas y de color azul brillante eran un motivo común que se cosía en los diseños de bordado. • Para reforzar su valor, lleve encima *Borago officinalis*. • Lleve esta flor cuando camine al aire libre para protegerse.

Núm. 052

Boswellia sacra

SIGNIFICADOS SIMBÓLICOS

Santidad

POSIBLES PODERES

Abundancia, alegría, amistad, avance, crecimiento, curación, energía, espiritualidad, éxito, exorcismo, liderazgo, luz, poder natural, protección, purificación, vida, voluntad consciente

CURIOSIDADES

El primer registro conocido del uso del incienso (que es la savia resinosa aromática obtenida del árbol*Boswellia sacra*) se encuentra en las inscripciones de las antiguas tumbas egipcias. • Los restos carbonizados del incienso quemado se conocen como el delineador de ojos llamado kohl. • El incienso se ha utilizado en los rituales de muchas religiones diferentes desde la antigüedad, pues se creía que el humo del incienso de *Boswellia sacra* transportaba las oraciones y peticiones directamente hacia lo más alto. • Se descubrió incienso dentro de un frasco sellado en la tumba del faraón Tutankamón al abrirse en 1922. El incienso conservaba su aroma tras haber permanecido en el frasco durante 3300 años. El uso del incienso es fundamental para propósitos mágicos y se utiliza en tónicos atmosféricos, bendiciones y rituales de iniciación. • La hierba *Boswellia sacra* tiene una vibración muy alta y poderosa, lo que la convierte en una de las mejores hierbas empleadas para ahuyentar el mal. • En la Sagrada Biblia se dice que el incienso fue uno de los tres regalos ofrecidos por los Reyes Magos al niño Jesús en el establo de Belén. • Hubo una época en la que la *Boswellia sacra* era más valiosa que el oro.

Núm. 053

Bougainvillea ☠

SIGNIFICADOS SIMBÓLICOS

Correspondencia

CURIOSIDADES

La «flor» de la *Bougainvillea*, espinosa y trepadora, no es una flor, sino un colorido racimo de tres pequeñas hojas centradas con un estambre que se llama «bráctea».

Núm. 054

Bouvardia

SIGNIFICADOS SIMBÓLICOS

Entusiasmo

CURIOSIDADES

Si se conservan adecuadamente en agua dulce, los tallos de *Bouvardia* cortados pueden durar hasta dos semanas.

Núm. 055

Brachyscome decipiens

SIGNIFICADOS SIMBÓLICOS

Belleza

Una sola flor de *Brachyscome decipiens*:
Me lo pensaré.

CURIOSIDADES

La *Brachyscome decipiens* es una flor pequeña y colorida, similar a una margarita, que se ha naturalizado en el sur de Australia para que florezca en colores malva, púrpura, rosa, blanco y limón.

Núm. 056

Brassica oleracea

SIGNIFICADOS SIMBÓLICOS

Beneficios, voluntad propia

POSIBLES PODERES

Riqueza, suerte

CURIOSIDADES

Lo primero que deben hacer los recién casados para augurar buena suerte a su matrimonio y a su jardín es plantar *Brassica oleracea*.

Núm. 057

Brassica rapa

SIGNIFICADOS SIMBÓLICOS

Indiferencia, solidaridad

POSIBLES PODERES

Ahuyentar la negatividad, claridad mental, fertilidad, finales, poderes mentales, protección, terminar relaciones

Semilla de *Brassica rapa*:
Amuleto de la buena suerte, fe visible, indiferencia

CURIOSIDADES

Lleve encima semillas de *Brassica rapa* en una bolsita de tela roja para aumentar sus poderes mentales. • Entierre semillas de *Brassica rapa* cerca del umbral de su puerta para evitar que entren seres sobrenaturales en tu casa.

Núm. 058

Bromeliaceae

SIGNIFICADOS SIMBÓLICOS

Belleza, elegancia, encanto, éxito en el amor, éxito en la vida, riqueza

POSIBLES PODERES

Adivinación, dinero, protección

Núm. 059

Browallia speciosa

SIGNIFICADOS SIMBÓLICOS

Admiración

CURIOSIDADES

La *Browallia speciosa* crece muy bien en una maceta colgante para que caiga por los lados.

Núm. 060

Brugmansia ☠

SIG. SIMBÓLICOS

Fama, separación

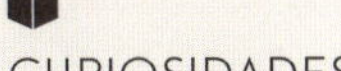

CURIOSIDADES

Como gran arbusto con enormes flores en forma de trompeta, orientadas hacia abajo, la *Brugmansia* es increíblemente bella en plena floración, y desprende una fragancia encantadora tanto de día como de noche.

Núm. 061

Bryonia ☠

SIGNIFICADOS SIMBÓLICOS

Crece con exuberancia

POSIBLES PODERES

Dinero, protección

CURIOSIDADES

Cuelgue raíz de *Bryonia* en el jardín para protegerlo de los daños o del mal tiempo.

Núm. 062

Bryophyta

SIGNIFICADOS SIMBÓLICOS

Amor maternal, ennui

POSIBLES PODERES

Cambio, dinero, fluctuaciones, liberación, misericordia, solidaridad, suerte, valor, victoria, vinculación

Núm. 063

Buddleia

SIGNIFICADOS SIMBÓLICOS

Tenacidad

POSIBLES PODERES

Vida espiritual después de la muerte

CURIOSIDADES

Aunque las mariposas se sienten atraídas por las flores de *Buddleia* debido a su néctar, la planta no favorece su reproducción porque las orugas no se alimentan de ella. • La *Buddleia* crece a lo largo de las vías del tren y en zonas deshabitadas, como fincas abandonadas. • En el Reino Unido, la *Buddleia* se ganó el nombre común de «planta de los lugares bombardeados» (del inglés «bombsite plant») cuando se vio que crecía libremente en zonas bombardeadas tras la Segunda Guerra Mundial.

Núm. 064

Bursera graveolens

SIGNIFICADOS SIMBÓLICOS

Limpieza

POSIBLES PODERES

Ahuyentar malos espíritus, ahuyentar pensamientos negativos, buena suerte, calmar el nerviosismo, disipar desgracias, limpieza, purificación, purificación espiritual, relajación

CURIOSIDADES

La *Bursera graveolens* es un árbol silvestre que crece en algunas zonas de Sudamérica; pertenece a la misma familia de las *Burseraceae*, al igual que el incienso y la mirra. • «Aceite esencial de Palo Santo» es el nombre común utilizado para el aceite esencial de *Bursera graveolens*. • Según algunas costumbres locales ecuatorianas, que se remontan a la época de los incas, la *Bursera graveolens* se quema, como si fuera incienso, para eliminar la energía malévola. • El carbón vegetal de *Bursera graveolens* se utiliza ocasionalmente para embadurnarse durante algunas costumbres rituales sudamericanas.

C

Núm. 065

Cactaceae

SIGNIFICADOS SIMBÓLICOS

Amor apasionado, amor maternal, arder de amor, calidez, castidad, los sueños de mi corazón se hacen realidad, lujuria, me abandonaste, protección, resistencia, sexo, valentía

POSIBLES PODERES

Castidad, protección

CURIOSIDADES

Tener *Cactaceae* en el interior de su casa la protegerá de robos e intrusiones. • Plante cuatro *Cactaceae* en el exterior de su casa para protegerla. • Las espinas de *Cactacea* se usan para marcar de forma mágica cera y raíces blandas con palabras y símbolos, para luego transportar o enterrar el objeto marcado.

Núm. 066

Caladium ☠

SIGNIFICADOS SIMBÓLICOS

Gran alegría y deleite

CURIOSIDADES

Se cultiva por sus grandes y vistosas hojas. • Originaria de Sudamérica y naturalizada en la India y partes de África, casi todos los tubérculos que se comercializan de *Caladium* se cultivan en Lake Placid, Florida.

Núm. 067

Calathea

SIGNIFICADOS SIMBÓLICOS

No me descuides, pasar página, presumir, un nuevo comienzo

POSIBLES PODERES

Empezar de nuevo

CURIOSIDADES

Las hojas de *Calathea*, grandes, resistentes y muy decorativas, se usan a veces como pequeños cuencos para ciertos objetos. • Un artículo popular que se elabora para uso doméstico en Tailandia, y que también es un recuerdo de viaje muy llamativo, son los cuencos de arroz de hoja de *Calathea*. • Debido a una «articulación» en el tallo, las hojas de *Calathea* se pliegan por la noche y vuelven a alzarse por la mañana.

Núm. 068

Calendula officinalis

SIGNIFICADOS SIMBÓLICOS

Afecto, afecto sagrado, celos, crueldad, desesperación, duelo, fidelidad, gracia, júbilo, longevidad, pena, pérdida constructiva, problemas, salud

POSIBLES PODERES

Amorosidad, asuntos legales, ayuda para ver hadas, magia de los sueños, pensamientos malignos, poderes psíquicos, predicción, protección, renacimiento, sueños proféticos

CURIOSIDADES

Lleve encima pétalos de *Calendula officinalis* con una hoja de *Laurus nobilis* (laurel) para silenciar los cotilleos sobre usted. • Los capullos de esta flor siguen al sol como los girasoles. • Los primeros cristianos colocaban estas flores junto a las estatuas de la Virgen María. • La *Calendula officinalis* se considera una de las hierbas más sagradas de la antigua India: eran frecuentes en los templos y en las bodas.

Núm. 069

Callisia fragrans ☠

SIGNIFICADOS SIMBÓLICOS

Belleza

CURIOSIDADES

La *Callisia fragrans* desarrolla tallos que se extienden horizontalmente y producen pequeñas plántulas a lo largo de ellos, las cuales eventualmente tocan el suelo.

Núm. 070

Camellia

SIGNIFICADOS SIMBÓLICOS

Abundancia, admiración, anhelo profundo, belleza perfecta, delicado y elegante, deseo, energía masculina, excelencia, firmeza, fugacidad de la vida, gratitud, pasión, perfección, piedad, regalo de buena suerte para un hombre, sofisticación

POSIBLES PODERES

Abundancia, lujo, prosperidad, riqueza

CURIOSIDADES

La *Camellia* se introdujo en América en 1797 para plantar y embellecer los Elysian Fields de Hoboken (Nueva Jersey), conocidos por ser la cuna de los partidos de béisbol organizados en Estados Unidos.

Núm. 071

Camellia japonica

SIGNIFICADOS SIMBÓLICOS

Admiración, anhelo profundo, belleza perfecta, deseo, energía masculina, excelencia, gratitud, pasión, perfección, piedad, refinamiento, regalo de buena suerte para un hombre, riqueza, excelencia sin pretensiones

POSIBLES PODERES

Lujo, prosperidad, abundancia, riqueza

Núm. 072

Camellia sinensis

SIGNIFICADOS SIMBÓLICOS

Hijos e hijas jóvenes

POSIBLES PODERES

Curación, fuerza, prosperidad, riqueza, valor

CURIOSIDADES

Lleve encima una bolsita de *Camellia sinensis* como talismán para aumentar su fuerza y recibir un empujón de valor.

Núm. 073

Campanula

SIGNIFICADOS SIMBÓLICOS

Constancia, gratitud, indiscreción, pensando en ti, seré siempre constante, sin pretensiones

CURIOSIDADES

Las flores de *Campanula* tienen forma de campana y suelen ser azules.

Núm. 074

Campanula medium

SIGNIFICADOS SIMBÓLICOS

Advertencia, constancia, constancia en la adversidad, gratitud, obligación, pensar en ti, reconocimiento

CURIOSIDADES

Una flor mediana de *Campanula medium* recuerda a una campana elegante o a una taza de té refinada.

Núm. 075

Campanula rotundifolia

SIG. SIMBÓLICOS

Duelo, gratitud, humildad, jubilación, pensando en ti, sumisión

POSIBLES PODERES

Suerte, verdad

CURIOSIDADES

Quien lleve encima una flor de *Campanula rotundifolia* sentirá la necesidad de decir la verdad sobre cualquier cosa. • La persona que ama le corresponderá algún día si usted capaz de dar la vuelta a una flor de *Campanula rotundifolia* sin dañarla.

Núm. 076

Campsis radicans ☠

SIGNIFICADOS SIMBÓLICOS

Separación

CURIOSIDADES

Los colibríes se sienten atraídos por las flores en forma de trompeta de *Campsis radicans*.

Núm. 077

Cananga odorata

SIGNIFICADOS SIMBÓLICOS

Flor silvestre

POSIBLES PODERES

Afrodisíaco

CURIOSIDADES

A pesar de que el árbol tiene una flor perfumada de una belleza inusual, se ha traducido erróneamente Cananga odorata por «flor de flores».

Núm. 078

Cannabis sativa

SIG. SIMBÓLICOS

Destino, rudeza, rusticidad

POSIBLES PODERES

Amor, contemplación, curación, meditación, sueño, visiones

CURIOSIDADES

Desde tiempos remotos, en China, las cuerdas hechas de *Cannabis sativa*, comúnmente «cuerda de cáñamo», se utilizaban a modo de representaciones de serpientes para golpear las camas de los enfermos con el fin de expulsar a los demonios que causan enfermedades.

Núm. 079

Capparis spinosa

SIGNIFICADOS SIMBÓLICOS

Escapada

POSIBLES PODERES

Afrodisíaco, amor, lujuria, potencia

Baya de Capparis spinosa:
Afrodisíaco, amor, lujuria, potencia

Núm. 080

Caprifolium

SIGNIFICADOS SIMBÓLICOS

Disposición dulce, felicidad doméstica, inconstancia, lazos de amor, no responderé precipitadamente, permanencia y firmeza, placer duradero

POSIBLES PODERES

Dinero, poderes psíquicos, protección

Núm. 081

Cercis siliquastrum

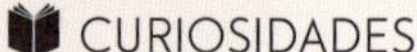

SIGNIFICADOS SIMBÓLICOS

Incredulidad, traición, traicionado

CURIOSIDADES

El *Cercis siliquastrum* es un árbol de flores de una belleza exótica al que se ha asociado para siempre la leyenda que afirma que a Judas Iscariote se le colgó por el cuello de este tipo de árbol.

Núm. 082

Cestrum nocturnum

SIGNIFICADOS SIMBÓLICOS

Regalo de Dios

POSIBLES PODERES

Amor, encantamiento, fomenta la magia de la noche, misterio, sueños psíquicos

Núm. 083

Cetraria islandica

SIGNIFICADOS SIMBÓLICOS

Salud

CURIOSIDADES

Cetraria islandica es en realidad un liquen que parece musgo.

Núm. 084

Chaenomeles

SIGNIFICADOS SIMBÓLICOS

Excelencia, fuego de las hadas

POSIBLES PODERES

Amor, felicidad, protección contra el mal, suerte

Núm. 085

Chamelaucium

SIG. SIMBÓLICOS

Felicidad en el matrimonio

CURIOSIDADES

La *Chamelaucium*, bonita y con una agradable fragancia, es una flor muy adecuada para incluir entre las flores de una boda.

Núm. 086

Cheiranthus cheiri

SIGNIFICADOS SIMBÓLICOS

Adversidad, amistad, amor eterno, belleza duradera, belleza duradera, belleza natural, desgracia, dicha, fidelidad en la adversidad, fidelidad en la desgracia, fiel en la adversidad, lazos afectivos, prontitud

CURIOSIDADES

La *Cheiranthus cheiri*, que es una planta de aroma agradable, fue una de las primeras flores consideradas «románticas». • Hubo un tiempo, hace unos cientos de años, en que *Cheiranthus cheiri* se consideraba una moneda válida para comprar tierras en Inglaterra.

Núm. 087

Chelidonium ☠

SIGNIFICADOS SIMBÓLICOS

Esperanzas engañosas

POSIBLES PODERES

Asuntos legales, evasión, felicidad, júbilo, protección

CURIOSIDADES

Si se lleva puesto *Chelidonium*, impartirá alegría, buen humor y curará la depresión. • Lleve *Chelidonium* contra la piel, reemplazándolo cada tres días para escapar de cualquier encarcelamiento injustificado o trampa de cualquier tipo. Lleve consigo *Chelidonium* a una vista judicial como protección y para ganarte el favor del juez y del jurado.

Núm. 088

Chenopodium ☠

SIGNIFICADOS SIMBÓLICOS

Bondad, insulto

POSIBLES PODERES

Invocar a los antepasados

Núm. 089

Chenopodium bonus-henricus ☠

SIGNIFICADOS SIMBÓLICOS

Bondad

POSIBLES PODERES

Carisma de liderazgo

CURIOSIDADES

La planta *Chenopodium bonus-henricus* puede utilizarse para fabricar tintes naturales para fibras naturales en tonos que van del amarillo dorado oscuro a tonos verdes. Se pueden obtener tintes dorados y verdes de toda la planta.

Núm. 090

Chimaphila umbellata

SIGNIFICADOS SIMBÓLICOS

Romper en trozos pequeños

POSIBLES PODERES

Dinero, invocar a los buenos espíritus

CURIOSIDADES

Lleve consigo una ramita de *Chimphila umbellata* para atraer el dinero.

Núm. 091

Chrysanthemum

SIGNIFICADOS SIMBÓLICOS

Abundancia, abundancia y encanto, abundancia y riqueza, alegría, alegría en la adversidad, alegría y descanso, encanto, eres un amigo maravilloso, felicidad, fidelidad, optimismo, promueve la salud mental, riqueza, un corazón abandonado a la desolación

Chrysanthemum pulverizado:
Esperanza

POSIBLES PODERES

Protección

CURIOSIDADES

El Feng Shui chino sugiere que *Chrysanthemum* trae la felicidad al hogar. • Durante los años del Reinado Imperial en China, no estaba permitido que la gente corriente cultivara *Chrysanthemum*, solo la nobleza tenía ese privilegio. • La *Chrysanthemum* es una flor sagrada en Asia. • En Malta y en Italia se considera que da mala suerte tener *Chrysanthemum* en casa. • La flor de *Chrysanthemum* tanto fresca como artificialmente estilizada y construida con materiales mixtos, es la flor en cierto modo oficial de los actos de «Homecoming», es decir, las fiestas que celebran el regreso de los exalumnos de las escuelas secundarias estadounidenses.

Núm. 092

Chrysanthemum morifolium

SIGNIFICADOS SIMBÓLICOS

Belleza desconocida para quien la posee, belleza inconsciente

POSIBLES PODERES

Protección

CURIOSIDADES

Cultive *Chrysanthemum morifoliumin* en el jardín para ahuyentar a los malos espíritus.

Núm. 093

Chrysopogon zizanioides

SIGNIFICADOS SIMBÓLICOS

Árbol de la vida, armonía, justicia, rectitud

POSIBLES PODERES

Alegría, amistad, amor, antirrobo, armonía, atracción, belleza, dinero, las artes, placer, regalos, romper maleficios, sensualidad, suerte

CURIOSIDADES

Para ganar atractivo, añada *Chrysopogon zizanioides* cuando se bañe. • Ponga una ramita de *Chrysopogon zizanioides* en una caja registradora para ganar más dinero. • Llévela consigo para tener suerte.

Núm. 094

Cichorium endivia

SIGNIFICADOS SIMBÓLICOS

Frugalidad

POSIBLES PODERES

Amor, lujuria

CURIOSIDADES

Si se lleva *Cichorium endivia* como talismán para atraer el amor, tiene que cambiarse cada tres días.

Núm. 095

Cichorium intybus

SIGNIFICADOS SIMBÓLICOS

Delicadeza, economía, frigidez

POSIBLES PODERES

Eliminación de obstáculos, favores, frugalidad, invisibilidad, suerte

CURIOSIDADES

El día de Santiago Apóstol (25 de julio), si un cerrajero sostenía hojas de *Cichorium intybus* y un cuchillo de oro contra una cerradura, la puerta se abría por arte de magia; pero debía reinar un silencio absoluto, de lo contrario el cerrajero moriría. • Los primeros colonos americanos llevaban *Cichorium intybus* para tener buena surte. • Lleve consigo una ramita de *Cichorium intybus* para fomentar la frugalidad y también para eliminar los obstáculos que se interponen entre usted y sus objetivos. • Se dice que si te bendices con zumo de *Cichorium intybus* recibirás la atención y el favor de personas destacadas.

Núm. 096

Cinchona

SIG. SIMBÓLICOS

Baja la fiebre

POSIBLES PODERES

Protección, suerte

CURIOSIDADES

La homeopatía comenzó con las investigaciones del Dr. Samuel Hahnemann sobre la corteza de *Cinchona*. • Lleve constigo un trocito de corteza de *Cinchona* para protegerte del mal y de los daños corporales. • *Cinchona* es la fuente de la quinina.

Núm. 097

Cineraria

SIGNIFICADOS SIMBÓLICOS

Siempre deliciosa, siempre encantada, soltería de corazón

CURIOSIDADES

Las flores de la *Cineraria* tienen una forma de montículo redondeado que gusta mucho a los floristas porque una maceta en flor se cubre de flores por todos lados.

Núm. 098

Cinnamomum camphora ☠

SIGNIFICADOS SIMBÓLICOS

Adivinación, castidad, salud

POSIBLES PODERES

Adivinación, capacidad psíquica, castidad, emociones, fertilidad, generación, inspiración, intuición, mar, mareas, mente subconsciente, salud, viajar por el agua

Núm. 099

Cirsium

SIGNIFICADOS SIMBÓLICOS

Misantropía

POSIBLES PODERES

Armonía, asistencia, estabilidad, fertilidad, fuerza, ganancia material, independencia, persistencia, tenacidad

Núm. 100

Cistaceae

SIGNIFICADOS SIMBÓLICOS

Aval, favor popular, fianza

CURIOSIDADES

Cistaceae es una de las treinta y ocho plantas utilizadas en los remedios florales de Bach.

Núm. 101

Citrullus lanatus

SIGNIFICADOS SIMBÓLICOS

Paz, voluminosidad

CURIOSIDADES

Citrullus lanatus se consideraba sagrado en el antiguo Egipto.

Núm. 102

Citrus bergamia

SIG. SIMBÓLICOS

Embelesamiento, irresistibilidad

POSIBLES PODERES

Dinero, éxito, irresistible, prosperidad

CURIOSIDADES

Frote *Citrus bergamia* sobre el dinero antes de gastarlo para asegurarse de que vuelve a usted. • Ponga unas cuantas hojas de *Citrus bergamia* donde lleve el dinero para que atraiga más.

Núm. 103

Citrus medica

SIGNIFICADOS SIMBÓLICOS

Belleza enfermiza, distanciamiento

POSIBLES PODERES

Curación, poderes psíquicos

Núm. 104

Coffea

SIG. SIMBÓLICOS

Alerta, amistad, camaradería, sociabilidad

POSIBLES PODERES

Cambio, fluctuaciones, liberación, misericordia, valor, victoria

Núm. 105

Colchicum autumnale ☠

SIG. SIMBÓLICOS

Envejecer, mis días felices han pasado, mis mejores días han pasado, mis mejores días se han escapado, mis mejores días se han ido, otoño

CURIOSIDADES

A pesar de la referencia al «azafrán», *Colchicum autumnale* no produce azafrán, y se sabe que ha sido fuente de intoxicación aguda para aquellos que lo han confundido con la especia.

Núm. 106

Commiphora gileadensis

SIGNIFICADOS SIMBÓLICOS

Perfume sanador

Commiphora gileadensis:

Protección, alivio, amor, curación, estoy curado, manifestaciones, poderes posibles, sanación

POSIBLES PODERES

Conocimiento, construcción, historia, limitaciones, muerte, obstáculos, tiempo, vinculación

CURIOSIDADES

Para curar un corazón roto, lleve encima brotes de *Commiphora gileadensis*.

Núm. 107

Conium ☠

SIGNIFICADOS SIMBÓLICOS

Causarás mi muerte, serás mi muerte

POSIBLES PODERES

Destruye la libido, disminuye la libido, induce la proyección astral, poder, purificación

CURIOSIDADES

Todas las partes de la planta *Conium* contienen veneno mortal, por lo que es demasiado peligroso utilizarla.

Núm. 108

Consolida ☠

SIGNIFICADOS SIMBÓLICOS

Corazón abierto, levedad, ligereza, rapidez

SIGNIFICADO ESPECÍFICO POR COLO: Rosa: ligereza, volubilidad

SIGNIFICADO ESPECÍFICO POR COLOR: Morado: altivez

POSIBLES PODERES

Ahuyentar fantasmas, ahuyentar criaturas venenosas, ahuyentar escorpiones, protección, salud

CURIOSIDADES

Se cree que la *Consolida* ahuyenta a los fantasmas.

Núm. 109

Convallaria majalis ☠

SIGNIFICADOS SIMBÓLICOS

Alegría, buena suerte, confianza, dulce, dulzura, dulzura inconsciente, felicidad y pureza de corazón, fortuna en el amor, has hecho que mi vida sea completa, humildad, lágrimas de la virgen maría, pureza de corazón, restitución de la felicidad, retorno de la felicidad, segunda venida de cristo, sociabilidad

POSIBLES PODERES

Claridad mental, curación, felicidad, poder de las personas para visualizar un mundo mejor, poderes mentales, tomar la decisión correcta

CURIOSIDADES

Póngala en una habitación para animar a las personas presentes.

Núm. 110:

Convolvulus arvensis ☠

SIG. SIMBÓLICOS

Claridad mental, curación, felicidad, poder para visualizar un mundo mejor, tomar la decisión correcta

CURIOSIDADES

Al ser una de las plantas silvestres más invasoras, se sabe que la *Convolvulus arvensis* causa estragos al reducir las cosechas y ocasionar pérdidas de varios millones de dólares al año en América.

Núm. 111

Cordyline fruticosa ☠

SIG. SIMBÓLICOS

Árbol de la vida, conocimiento

POSIBLES PODERES

Curación, protección

CURIOSIDADES

Coloque la variedad verde de la hoja *Cordyline fruticosa* debajo de la cama para que le proteja cuando duerma. • La falda hula hawaiana y el vestido de baile tongano están hechos de la variedad verde de las hojas de *Cordyline fruticosa*. • En el Hawái antiguo, se creía que la variedad roja de las hojas de *Cordyline fruticosa* tenía un gran poder espiritual y solo a los sacerdotes más importantes y a los jefes se les permitía llevar esta variedad alrededor del cuello durante los rituales. • Cuando viaje en barco, lleve consigo la variedad verde de las hojas de *Cordyline fruticosa* para evitar ahogarse. • En el Hawái antiguo, la variedad verde de *Cordyline fruticosa* se usaba a menudo para delimitar los límites de las propiedades. • Plante *Cordyline fruticosa* alrededor de su propiedad para protegerle del mal, pero asegúrese de utilizar solo la variedad verde. La variedad roja es sagrada para Pele, diosa del fuego en la mitología hawaiana, y dará muy mala suerte a los propietarios si se planta como protección, ya que los mortales no tienen el privilegio divino de usarla de este modo. • Plantar la variedad roja de *Cordyline fruticosa* en una maceta en casa trae muy mala suerte.

Núm. 112

Coreopsis

SIG. SIMBÓLICOS

Amor a primera vista, impaciencia de ausencia y de felicidad, siempre alegre

POSIBLES PODERES

Asuntos de dinero, buena suerte, fertilidad, protección contra los rayos

CURIOSIDADES

Se cree que las flores de *Coreopsis* son una de las favoritas de las hadas.

Núm. 113

Coreopsis tinctoria

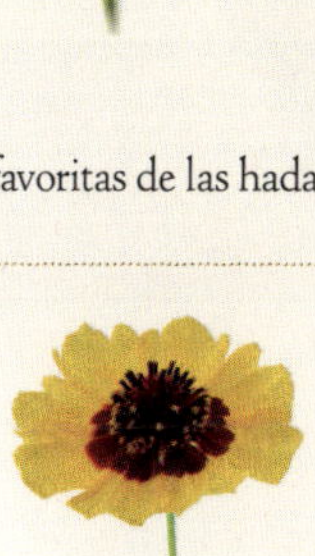

SIGNIFICADOS SIMBÓLICOS

Amor a primera vista

CURIOSIDADES

Las flores de *Coreopsis tinctoria* pueden utilizarse para hacer un tinte de color amarillo claro a marrón claro para hilos naturales.

Núm. 114

Coriandrum sativum

SIG. SIMBÓLICOS

Mérito oculto, paz entre los que no se llevan bien, valor oculto

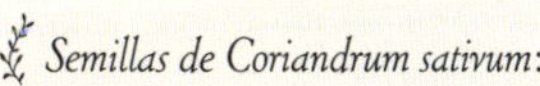

Semillas de Coriandrum sativum:

Promueve la paz entre personas que no se llevan bien

POSIBLES PODERES

Afrodisíaco, amor, ayuda a encontrar el romance, cura, inmortalidad, inteligencia, lujuria, protección, protege a los jardineros y a todos los de su casa, salud, virilidad

CURIOSIDADES

Cuelgue un pequeño manojo de *Coriandrum sativum* en casa para protegerse. • En la Edad Media, el *Coriandrum sativum* se utilizaba en pociones y hechizos de amor. • Lleve un amuleto hecho con semillas de *Coriandrum sativum* para aliviar el dolor de cabeza.

Núm. 115

Croton ☠

SIGNIFICADOS SIMBÓLICOS

Cambio

POSIBLES PODERES

Capacidad psíquica, emociones, fertilidad, generación, inspiración, intuición, mar, mareas, mente subconsciente, viajar por el agua

CURIOSIDADES

Desde una planta de interior en maceta hasta una planta exterior del tamaño de un árbol, todas las variedades de *Croton* son muy coloridas.

Núm. 116

Cryptanthus

SIG. SIMBÓLICOS

Flor oculta

POSIBLES PODERES

Dinero, protección

CURIOSIDADES

Para proteger el hogar y conseguir más dinero y lujo, haga crecer una planta de *Cryptanthus* dentro de casa.

Núm. 117

Cucumis sativus

SIGNIFICADOS SIMBÓLICOS

Castidad, crítica

POSIBLES PODERES

Castidad, curación, fertilidad

CURIOSIDADES

Las comadronas romanas llevaban *Cucumis sativus* y lo tiraban cuando asistían a un parto. • Las mujeres romanas casadas, cuando querían tener un bebé, se ponían *Cucumis sativus* alrededor de la cintura. • En los hogares romanos se utilizaba *Cucumis sativus* para ahuyentar a los ratones que entraban en casa.

Núm. 118

Cucurbita pepo

SIG. SIMBÓLICOS

Grosería, tosquedad

CURIOSIDADES

Las «Jack-o'-lantern» (las calabazas iluminadas típicas de Halloween), no serían lo mismo sin la *Cucurbita pepo* que se usa para tallarlas. Originalmente, se fabricaban en Irlanda y se ponían en las entradas de las casas para ahuyentar al diablo y a cualquier otro espíritu siniestro que se acercara.

Núm. 119

Cuminum cyminum

SIG. SIMBÓLICOS

Fidelidad, lealtad

POSIBLES PODERES

Antirrobo, exorcismo, fidelidad, protección

CURIOSIDADES

Supuestamente, con *Cuminum cyminum* se evitará el robo de todo lo que lleve esta planta aromática, ya sea encima o dentro. • Se supone que si se mezcla *Cuminum cyminum* con sal y se esparce por el suelo, se ayuentará el mal. • A veces las novias llevan una ramita de *Cuminum cyminum* para alejar la negatividad el día de su boda. • Lleve encima *Cuminum cyminum* para gozar de tranquilidad.

Núm. 120

Curcuma longa

SIGNIFICADOS SIMBÓLICOS

Fertilidad, sol, suerte

POSIBLES PODERES

Suerte, poder, purificación

CURIOSIDADES

En cualquier parte de la India, se considera que la *Curcuma longa* da mucha suerte y se utiliza en las bodas y ceremonias religiosas indias desde hace miles de años.

Núm. 121

Cuscuta

SIGNIFICADOS SIMBÓLICOS

Bajeza, mezquindad, parásito

POSIBLES PODERES

Magia de los nudos, predicciones amorosas

CURIOSIDADES

Un método de predicción amorosa que consiste en arrancar una gran ramita de *Cuscuta* y arrojarla por encima del hombro en dirección a la planta de la que la ha recogido, a la vez que pregunta si la persona a la que ama también le ama. Si al día siguiente la rama en cuestión no se ha vuelto a unir a la planta, la respuesta es que *no*. En cambio, si lo ha hecho, la respuesta es que *sí*.

Núm. 122

Cyclamen

SIG. SIMBÓLICOS

Adiós, desconfianza, renuncia

POSIBLES PODERES

Felicidad, fertilidad, lujuria, protección

CURIOSIDADES

Se cree que un *Cyclamen* en el dormitorio protege a los que duermen en él y neutraliza cualquier hechizo negativo.

Núm. 123

Cydonia oblonga

SIGNIFICADOS SIMBÓLICOS

Belleza deseñosa, tentación

POSIBLES PODERES

Amor, exorcismo, protección

CURIOSIDADES

El arte observado en los restos excavados de Pompeya ha revelado imágenes de osos que llevan en las patas frutos de *Cydonia oblonga*. • Llevar consigo aunque solo sea una semilla de *Cydonia oblonga* le protegerá de los accidentes, del mal y de cualquier daño contra su cuerpo.

Núm. 124

Cymbidium

SIGNIFICADOS SIMBÓLICOS

Amor, belleza, sofisticación

CURIOSIDADES

Las hojas de *Cymbidium* indican su estado de salud lumínica: las hojas verde oscuro indican que necesitan más luz, y las hojas amarillas indican que reciben demasiada luz.

Núm. 125

Cymbopogon ☠

SIGNIFICADOS SIMBÓLICOS

Comunicación abierta

POSIBLES PODERES

Comunicación, fomenta la apertura, lujuria, poderes psíquicos, repele a las serpientes, repele a los insectos

CURIOSIDADES

Se cree que plantar *Cymbopogon* alrededor de casa repele a las serpientes.

Núm. 126

Cynanchum ☠

SIGNIFICADOS SIMBÓLICOS

Cura para el dolor de cabeza, esperanzas marchitas

POSIBLES PODERES

Curación

D

Núm. 127

Dahlia

SIGNIFICADOS SIMBÓLICOS

Buen gusto, dignidad, dignidad y elegancia, elegancia, elocuencia y dignidad, inestabilidad, novedad, para siempre tuyo o tuya, pompa, sofisticación, se acerca un cambio

POSIBLES PODERES

Evolución espiritual, presagio de traición

Núm. 128

Daphne cneorum ☠

SIGNIFICADOS SIMBÓLICOS

Deseo de agradar

CURIOSIDADES

Las flores de *Daphne cneorum* son rosas y tienen un aroma especiado.

Núm. 129

Daphne mezereum ☠

SIGNIFICADOS SIMBÓLICOS

Coqueteo, coquetería, deseo de agradar

CURIOSIDADES

La *Daphne mezereum* es una planta muy común que poca gente sabe que es venenosa.

Núm. 130

Daphne odora ☠

SIGNIFICADOS SIMBÓLICOS

Adornar innecesariamente, embellecer lo que ya es perfecto, hacer bello lo que ya es bello, no te querría de otro modo

CURIOSIDADES

Daphne odora tiene flores de color rosa púrpura rojizo, con un aroma dulcemente perfumado que perdura en el aire.

Núm. 131

Datura ☠

SIGNIFICADOS SIMBÓLICOS

Disfraz, encantos engañosos, engaño, sospecha

POSIBLES PODERES

Alteraciones mentales y físicas graves, muerte

CURIOSIDADES

La *Datura* es extremadamente venenosa. • La *Datura* tiene la capacidad de cambiar según el lugar donde crece; cambia su tamaño, sus hojas y sus flores.

Núm. 132

Daucus carota

SIGNIFICADOS SIMBÓLICOS

Fantasía, no me rechaces, refugio, santuario

POSIBLES PODERES

Fertilidad, lujuria

CURIOSIDADES

En inglés, la planta *Daucus carota* se conoce con el nombre común de «Queen's Anne Lace», es decir, «encaje de la reina Anna», quien fue una reconocida experta en la confección de encajes. • Existe la terrible superstición de que si alguien recoge la planta *Daucus carota* y la pone en su casa, su madre morirá. • Otra superstición es que si una mujer que se mantiene fiel a sí misma planta *Daucus carota* en su jardín, la planta prosperará.

Núm. 133

Delonix regia

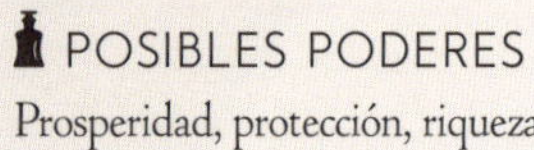

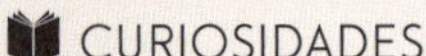

SIG. SIMBÓLICOS
Flor del Calvario

POSIBLES PODERES
Prosperidad, protección, riqueza

CURIOSIDADES
En el Caribe, las vainas de *Delonix regia* se utilizan como instrumento de percusión, como una especie de maraca. • Tanto el árbol *Delonix regia* rojo anaranjado como el amarillo, menos común, son uno de los árboles ornamentales de floración más espectaculares del mundo, hasta el punto de que es el árbol oficial de varios países asiáticos y aparece en el emblema de una universidad.

Núm. 134

Delphinium ☠

SIGNIFICADOS SIMBÓLICOS
Aireado, apego ardiente, capacidad de trascender los límites del espacio y del tiempo, celestial, corazón abierto, diversión, gran corazón, hilaridad, levedad, ligereza, volubilidad

POSIBLES PODERES
Ahuyentar escorpiones, ligereza, rapidez

Núm. 135

Dendrobium

SIGNIFICADOS SIMBÓLICOS
Amor, belleza, sofisticación

POSIBLES PODERES
Alegría, amistad, amor, codicia, longevidad, lujuria, riqueza

Núm. 136

Dianthus

SIGNIFICADOS SIMBÓLICOS
Afecto puro, amor puro, audacia, darse prisa

SIGNIFICADO ESPECÍFICO POR COLOR:
Rosa: amor puro

SIGNIFICADO ESPECÍFICO POR COLOR: Rojo: amor ardiente, amor puro

SIGNIFICADO ESPECÍFICO POR COLOR: Blanco: ser justo/a, ingenio, talento

SIGNIFICADO ESPECÍFICO POR COLOR:
Amarillo: desprecio, irracionalidad

SIGNIFICADO ESPECÍFICO POR COLOR:
Jaspeado: eechazo

Doble flor de Dianthus:
Amor inmutable

CURIOSIDADES
Por su fragancia y por ser tan fácil de cultivar, es una de las flores que más tiempo llevan cultivándose. • Las flores secas de *Dianthus* pueden añadirse a popurrís y saquitos de flores secas.

Núm. 137

Dianthus barbatus

SIGNIFICADOS SIMBÓLICOS
Argucia, concédeme una sonrisa, destreza, escarnio, finura, galantería, me pregunto si sonreirás, perfección, traición

CURIOSIDADES
Dianthus barbatus simboliza a los enamorados de corazón roto mencionados en algunos relatos y baladas inglesas antiguas.

Núm. 138

Dianthus caryophyllus

SIGNIFICADOS SIMBÓLICOS

Admiración, alegría y compromiso, amor, amor de mujer, amor puro, amor puro y profundo, amor verdadero, autoestima, buena fortuna, buena suerte, celestial, decepción, desdén, desgracia, dignidad, distinción, fascinación, fuerza, gratitud, mala suerte, orgullo, orgullo y belleza, salud y energía, vínculos de afecto

POSIBLES PODERES

Adivinación, curación, fuerza, protección, suerte

CURIOSIDADES

En la antigua Grecia, las flores *Dianthus caryophyllus* eran las más apreciadas. • Un ramo o ramillete compuesto por *Dianthus caryophyllus*, una ramita de *Rosmarinus officinalis* y una flor de *Geranium* significa: Amor, esperanza y fidelidad • Poner *Dianthus caryophyllus* rojo fresco en la habitación de un paciente convaleciente ayudará a fomentar la fuerza y la energía. • Llevar una flor de *Dianthus caryophyllus* se hizo popular en la época isabelina porque se creía que la flor ayudaba a evitar que te condenaran a muerte en el patíbulo.

Núm. 139

Dianthus chinensis

SIGNIFICADOS SIMBÓLICOS

Aversión

CURIOSIDADES

Las *Dianthus chinesis* son plantas de bajo crecimiento que tienen unas bonitas flores con pétalos de bordes dentados.

Núm. 140

Diascia

SIGNIFICADOS SIMBÓLICOS

Amiga de las abejas

CURIOSIDADES

Algunas especies de abejas *Rediviva* coexisten con la planta silvestre *Diascia* y han evolucionado hasta tener las patas delanteras más largas para recolectar un aceite especial que se encuentra en los espolones de la flor.

Núm. 141

Dictamnus albus

SIG. SIMBÓLICOS

Belleza perfeccionada, fuego, pasión

CURIOSIDADES

Los aceites volátiles de *Dictamnus albus* son tan intensos que la planta es combustible en climas cálidos. Debido a esta tendencia natural, se cree que podría tratarse de la «zarza ardiente» a la que se refiere la Biblia.

Núm. 142

Digitalis purpurea ☠

SIGNIFICADOS SIMBÓLICOS

Decepción, falta de sinceridad, juventud, majestuosidad, misterio, ocupación, soy ambicioso solo por ti, un deseo

POSIBLES PODERES

Magia, protección

CURIOSIDADES

Existe una leyenda según la cual las hadas llevan flores de *Digitalis purpurea* como manoplas. • Según la superstición, si coges una *Digitalis purpurea*, las hadas se ofenderán. • Las brujas medievales cultivaban *Digitalis purpurea* en sus jardines porque era un ingrediente habitual en los hechizos • Hubo una época en que las amas de casa galesas elaboraban un tinte negro a partir de las hojas de *Digitalis purpurea* con el que pintaban líneas cruzadas en el exterior de sus casas para ahuyentar el mal. • Se cree que la *Digitalis purpurea* es una de las flores favoritas de las hadas, porque les gusta usarlas a modo de sombrero.

Núm. 143

Dionaea muscipula

SIGNIFICADOS SIMBÓLICOS

Argucia, capturado al fin, encarcelamiento, encierro, engaño

POSIBLES PODERES

Amor, protección

CURIOSIDADES

Aunque hay algunas zonas naturalizadas de plantas que crecen en zonas concretas en el norte de Florida y Nueva Jersey, la planta carnívora *Dionaea muscipula* es autóctona solo en un radio de 97 km alrededor de Wilmington, Carolina del Norte (EE. UU.).

Núm. 144

Dioscorea communis ☠

SIGNIFICADOS SIMBÓLICOS

Apoyo

CURIOSIDADES

La planta *Dioscorea communis* es muy venenosa, pero se usa como ingrediente principal en la fabricación de píldoras anticonceptivas. • Tocar la planta puede originar ampollas dolorosas en la piel.

Núm. 145

Diospyros

SIG. SIMBÓLICOS

Entiérrame entre las bellezas de la naturaleza, lujuria

POSIBLES PODERES

Cambio de sexo, curación, protección, suerte

CURIOSIDADES

Si se fabrica una varita de *Diospyros*, el mago obtendrá un poder puro sin diluir. • Un amuleto hecho de *Diospyros* ofrecerá protección a su

portador. • Se cree que para librarse de los escalofríos hay que atar una cuerda a un árbol de *Diospyros* por cada escalofrío que se haya experimentado. • Entierra un fruto verde de *Diospyros* para tener buena suerte.

Núm. 146

Diospyros lotus

SIGNIFICADOS SIMBÓLICOS

Resistencia

POSIBLES PODERES

Fertilidad, potencia

Núm. 147

Dipsacus fullonum

SIGNIFICADOS SIMBÓLICOS

Beneficio, celos, misantropía

CURIOSIDADES

Antes del siglo XX, las robustas cardenchas secas de *Dipsacus fullonum* se utilizaban en la industria del tejido para peinar, limpiar, alinear y levantar el pelo de ciertas fibras y tejidos.

Núm. 148

Dipteryx odorata ☠

SIGNIFICADOS SIMBÓLICOS

Deseo de amor

POSIBLES PODERES

Amor, coraje, deseos, dinero

CURIOSIDADES

Hay quien cree que los frutos de *Dipteryx odorata* pueden conceder deseos si se sostiene uno en la mano mientras se le susurra el anhelo, y luego se lleva encima hasta que el deseo se hace realidad. Después, hay que enterrar o pisotear el fruto. Otro método consiste en enterrar el fruto con el que se ha pedido un deseo en un lugar fértil y acogedor, y el deseo se hará realidad durante el crecimiento de la planta. • La datación por radiocarbono de grandes tocones de *Dipteryx odorata* abandonados por leñadores en el Amazonas demostró que es una especie de árbol que podría vivir muchísimos años. ¡Hasta más de mil!

Núm. 149

Dodecatheon

SIGNIFICADOS SIMBÓLICOS

Belleza divina, belleza juvenil, divinidad, gracia ganadora, gracia nativa, hallazgo del tesoro, mi divinidad, pensamiento, rusticidad, tú eres mi divinidad

POSIBLES PODERES

Curación, juventud

Núm. 150

Dracaena ☠

SIGNIFICADOS SIMBÓLICOS

Estás cerca de una trampa, trampa, voy a por ti

POSIBLES PODERES

Protección

CURIOSIDADES

La resina de *Dracaena* se utiliza a menudo como ingrediente en la fabricación de un sellador específico para madera que se emplea para barnizar violines.

Núm. 151

Dracaena arborea

SIGNIFICADOS SIMBÓLICOS

Conflicto, fuerza interior

POSIBLES PODERES

Fuerza interior, poder

CURIOSIDADES

Dracaena arborea puede tener una sola cabeza o tener varias en el mismo tronco.

Núm. 152

Dracaena cinnabari

SIGNIFICADOS SIMBÓLICOS

Sangre de dragón

POSIBLES PODERES

Accidentes, agresión, amor, conflicto, deseos carnales, exorcismo, fuerza, guerra, ira, lucha, lujuria, maquinaria, música rock, poder, potencia, protección, purificación

CURIOSIDADES

Dado que la savia resinosa de *Dracaena cinnabari* es de color rojo carmesí, se la consideraba muy apreciada como «sangre de dragón» en el mundo antiguo. Por eso se utilizaba, y se sigue utilizando, en la magia de los rituales y en la alquimia. • Para calmar un hogar bullicioso e imponer la paz y el orden, ponga a partes iguales polvo de *Dracaena cinnabari,* sal y azúcar en un frasco hermético y luego escóndalo bien en un lugar de la casa. • La planta *Dracaena cinnabari* se utiliza con fines religiosos en el vudú americano, el vudú de Nueva Orleans y la magia popular afroamericana. • La resina de *Dracaena cinnabari* se añade a la tinta para crear la «tinta de sangre de dragón», que se usa para inscribir talismanes y sellos mágicos.

Núm. 153

Dracaena reflexa

SIGNIFICADOS SIMBÓLICOS

Dragón que canta

POSIBLES PODERES

Curación

Núm. 154

Dracaena sanderiana

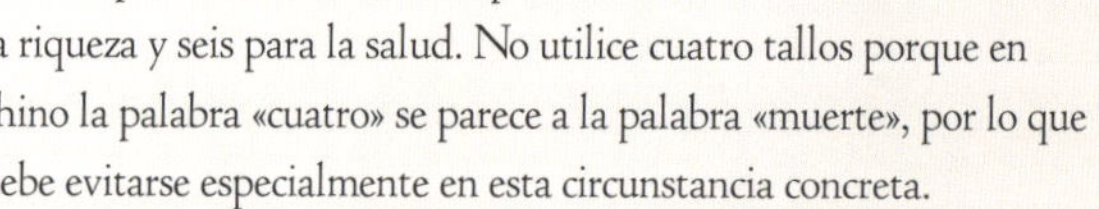

SIGNIFICADOS SIMBÓLICOS

Vida eterna

POSIBLES PODERES

Curación, longevidad, salud

CURIOSIDADES

Los practicantes del Feng Shui creen que la planta *Dracaena sanderiana* representa los elementos madera y agua. Una cinta roja atada alrededor de los tallos de la planta incorpora el elemento del fuego y enciende el flujo positivo del chi en la habitación. Use el número correcto de tallos, ya que tres son para la felicidad, cinco para la riqueza y seis para la salud. No utilice cuatro tallos porque en chino la palabra «cuatro» se parece a la palabra «muerte», por lo que debe evitarse especialmente en esta circunstancia concreta.

Núm. 155

Dracunculus vulgaris

SIGNIFICADOS SIMBÓLICOS

Asombro, espanto, horror, trampa

CURIOSIDADES

La flor del *Dracunculus vulgaris* tiene un aspecto siniestro y huele a animal muerto, por lo que atrae a insectos como moscas y escarabajos carroñeros, tan confundidos por el hedor que ponen sus huevos sobre la flor, suponiendo que la «carne» podrida alimentará a los gusanos, un alimento que la planta no proporcionará a las larvas.

Núm. 156

Drosera rotundifolia

SIGNIFICADOS SIMBÓLICOS
Arrepentimiento, desdén, modales, sorpresa

POSIBLES PODERES
Aleja el mal de ojo, favorece las capacidades psíquicas

CURIOSIDADES
La *Drosera rotundifolia* es una planta carnívora que se alimenta de insectos que se sienten atraídos por ella y se quedan pegados a los pelos pegajosos que cubren las hojas.

Núm. 157

Dryas

SIGNIFICADOS SIMBÓLICOS
Inocencia, longevidad, pureza

POSIBLES PODERES
Amor, exorcismo, purificación

Núm. 158

Dryopteris filix-mas

SIGNIFICADOS SIMBÓLICOS
Masculinidad

POSIBLES PODERES Amor, suerte

CURIOSIDADES
Dryopteris filix-mas era a menudo un complemento importante en la elaboración de una potente poción de amor.

Núm. 159

Duranta erecta ☠

SIGNIFICADOS SIMBÓLICOS
Indiferencia, lágrimas de despedida

CURIOSIDADES
Con sus flores azul lavanda y sus bayas llamativas, la *Duranta erecta* es una planta de gran belleza, pero altamente tóxica, que ha causado intoxicaciones fatales en niños y mascotas.

Núm. 160

Durio

SIGNIFICADOS SIMBÓLICOS
Místico

POSIBLES PODERES
Afrodisíaco

CURIOSIDADES
Los javaneses creen desde hace mucho tiempo que el fruto de *Durio* es un afrodisíaco eficaz. • Las flores de *Durio* permanecen cerradas durante el día y se abren al anochecer para ser polinizadas por murciélagos frugívoros. • En el sudeste asiático, está prohibido llevar la fruta de *Durio* (que se conoce como «fruta apestosa» por razones evidentes) y entrar en hoteles, aeropuertos, restaurantes y en casi todos los medios de transporte público.

E

Núm. 161

Echeveria

SIGNIFICADOS SIMBÓLICOS

Economía nacional, industria nacional

CURIOSIDADES

Los brotes de *Echeveria* forman los «polluelos» que crecen alrededor de la roseta madre, conocida como la «gallina».

- Las plantas de *Echeveria* acogen algunas especies de mariposas.

Núm. 162

Echinacea

SIGNIFICADOS SIMBÓLICOS

Escudo, guerra espiritual, guerrero espiritual

POSIBLES PODERES

Fuerza, hechizos fortalecedores, inmunidad, salud

Núm. 163

Elettaria cardamomum

SIGNIFICADOS SIMBÓLICOS

Traerá pensamientos de paz

POSIBLES PODERES

Amor, lujuria

Núm. 164

Epilobium angustifolium

SIGNIFICADOS SIMBÓLICOS

Constancia, humanidad, pretensión, producción, valentía, valentía y humanidad

CURIOSIDADES

Dado que la planta *Epilobium angustifolium* es capaz de enraizar en suelos quemados, los lugares abandonados tras los bombardeos, en marcado contraste con sus sombríos recuerdos, pronto se cubrían de esta prolífica planta en flor.

Núm. 165

Epiphyllum

SIG. SIMBÓLICOS

Sobre la hoja

CURIOSIDADES

La planta *Epiphyllum* trepa a árboles robustos, buscando crecer a la sombra y desarrollando flores nocturnas muy fragantes y llamativas que se abren solo por una noche antes de marchitarse.

Núm. 166

Epipremnum aureum ☠

SIGNIFICADOS SIMBÓLICOS

Anhelo, perseverancia

POSIBLES PODERES

Perdurabilidad

Núm. 167

Equisetum hyemale

SIGNIFICADOS SIMBÓLICOS

Docilidad

POSIBLES PODERES

Encantador de serpientes, fertilidad

Núm. 168

Eremurus

SIGNIFICADOS SIMBÓLICOS

Perseverancia

CURIOSIDADES

Las flores de *Eremurus* se encuentran encima de una espiga alta que se parece a un escobillón.

Núm. 169

Eruca sativa

SIGNIFICADOS SIMBÓLICOS
Rivalidad

POSIBLES PODERES
Afrodisíaco

CURIOSIDADES
Dado que la planta *Euruca sativa* se consideraba un afrodisíaco eficaz para hombres y mujeres desde los tiempos de la antigua Roma, en la Edad Media se prohibió su cultivo en los jardines de los monasterios.

Núm. 170

Eryngium

SIG. SIMBÓLICOS
Atracción, independencia, severidad

POSIBLES PODERES
Amor, lujuria, paz, suerte del viajero.

CURIOSIDADES
Cuando viaje, lleve encima *Eryngium* como amuleto de la suerte. • Esparza *Eryngium* donde haya gente en conflicto para promover la paz entre las partes enfrentadas.

Núm. 171

Erythroxylum coca ☠

SIGNIFICADOS SIMBÓLICOS
Persevera

POSIBLES PODERES
Alivio del dolor, curación, estimulación

CURIOSIDADES
Aunque en muchos países se ha prohibido la *Erythroxylum coca*, su uso diario ha tenido un papel fundamental en los rituales religiosos sudamericanos y en la vida comunal durante miles de años, especialmente en la región andina.

Núm. 172

Eschscholzia ☠

SIGNIFICADOS SIMBÓLICOS
No me rechaces

CURIOSIDADES
Las flores de *Eschsholzia* tienen pétalos amarillos o naranja vivo. • Las flores de *Eschsholzia* se cierran en los días nublados.

Núm. 173

Eucalyptus

SIG. SIMBÓLICOS
Purificación

POSIBLES PODERES
Curación, protección

CURIOSIDADES
Lleve hojas de *Eucalyptus* para gozar de buena salud. • Cuelgue un trozo de *Eucalyptus* sobre el lecho de un enfermo para favorecer su curación. • Para los aborígenes de Australia, el *Eucalyptus* es sagrado porque representa la división entre la Tierra y el Cielo y el Inframundo.

Núm. 174

Euonymus

SIGNIFICADOS SIMBÓLICOS
Semejanza, tu imagen está grabada en mi corazón, tus encantos están grabados en mi corazón

CURIOSIDADES
La madera brillante y colorida de *Euonymus* se utilizaba para fabricar husillos. • *Euonymus* recibió su nombre en honor de Euonyme, que se cree que es la «Madre de las Hadas».

Núm. 175

Euonymus atropurpureus ☠

SIGNIFICADOS SIMBÓLICOS
Madera de flecha

POSIBLES PODERES
Éxito, romper maleficios, valor

CURIOSIDADES
Lleve encima *Euonymus atropurpureus* para tener coraje.

Núm. 176

Euphorbia ☠

SIGNIFICADOS SIMBÓLICOS
Persistencia

POSIBLES PODERES
Protección, purificación

CURIOSIDADES
La *Euphorbia* es una planta muy venenosa y hay que tener cuidado con ella. • Cultivada en interior o exterior, la *Euphorbia* se considera una planta protectora.

Núm. 177

Euphorbia pulcherrima ☠

SIGNIFICADOS SIMBÓLICOS
Alegría, buen ánimo, estar de buen humor

CURIOSIDADES
Originaria de México, las vistosas flores rojas, rosas, naranjas, verdes, blancas o jaspeadas de la *Euphorbia pulcherrima* en realidad no son flores, sino brácteas frondosas de colores. • Los aztecas utilizaban *Euphorbia pulcherrima* para elaborar tintes. • La asociación de *Euphorbia pulcherrima* con la Navidad comenzó en el siglo XVI. • Las plantas y flores, tanto las reales como las versiones artificiales, se utilizan como decoración durante las fiestas navideñas.

Núm. 178

Eustoma

SIGNIFICADOS SIMBÓLICOS
Naturaleza extrovertida

POSIBLES PODERES
Suerte, verdad

Núm. 179

Eutrochium

SIGNIFICADOS SIMBÓLICOS
Morado

POSIBLES PODERES
Amor, respeto

CURIOSIDADES
Lleve consigo algunas hojas de *Eutrochium* para ganarte el respeto y la buena consideración de quienes te rodean. El *Eutrochium* se caracteriza por sus flores peculiares: vellosas, aromáticas y de aspecto inusual.

F

Núm. 180

Fagopyrum esculentum

SIGNIFICADOS SIMBÓLICOS

Paz mental, paz psicológica

POSIBLES PODERES

Dinero, paz, protección

CURIOSIDADES

Convierta los granos de *Fagopyrum esculentum* en polvo y espolvoree esta harina por todo el perímetro de su casa para alejar el mal de ella.

Núm. 181

Fagraea berteroana

SIGNIFICADOS SIMBÓLICOS

Del cielo

CURIOSIDADES

Según la leyenda tahitiana, la fragancia de las flores del árbol *Fagraea berteroana* es celestial porque se originó en el séptimo cielo. • A menudo se utiliza *Fagraea berteroana* para crear leis o coronas hawaianos hermosos y perfumados.

Núm. 182

Ferula assa-foetida

SIGNIFICADOS SIMBÓLICOS

Ahuyentar al diablo, ahuyentar el mal, energía positiva, hedor, suerte

POSIBLES PODERES

Cebo para lobos, cebo para peces, evitar espíritus, evocar fuerzas demoníacas y atarlas, exorcismo, maldiciones, protección contra enfermedades, protección contra fuerzas demoníacas, purificación, repeler espíritus

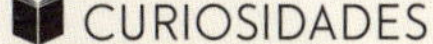

CURIOSIDADES

Se cree que la *Ferula assa-foetida* destruye todas las manifestaciones de los espíritus. • Desprende uno de los olores más desagradables de todas las hierbas y se sabe que su mero olor provoca el vómito.

Núm. 183

Ficus

SIGNIFICADOS SIMBÓLICOS

Beso, prolífico

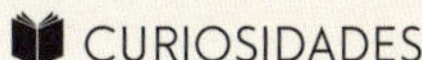

CURIOSIDADES

La leyenda bíblica dice que fue la hoja de un *Ficus* la que se utilizó para cubrir la desnudez de Adán y Eva ante los ojos de Dios.

Núm. 184

Ficus benghalensis

SIGNIFICADOS SIMBÓLICOS

Autoconciencia, meditación, reflexión,

POSIBLES PODERES

Felicidad, suerte

CURIOSIDADES

Casarse bajo un *Ficus benghalensis* trae felicidad y buena suerte a la pareja. • Sentarse bajo un *Ficus benghalensis* trae buena suerte. • Mirar un *Ficus benghalensis* trae buena suerte. • En cuanto a la superficie ocupada por un solo árbol, que puede cubrir hectáreas de terreno, el *Ficus benghalensis* es, sin duda, el árbol más grande del mundo.

Núm. 185

Ficus carica

SIGNIFICADOS SIMBÓLICOS

Argumento, deseo, longevo, longevidad

POSIBLES PODERES

Adivinación, amor, fertilidad

CURIOSIDADES

Las hojas de *Ficus carica* fueron con las que supuestamente se vistieron Adán y Eva (Libro del Génesis de la Biblia). Como consecuencia, se utilizaron a menudo para cubrir los genitales de muchas otras figuras desnudas en obras de arte a lo largo de los siglos • Hombres y mujeres han utilizado pequeños amuletos con forma fálica hechos de madera de *Ficus carica* para aumentar la fertilidad y superar posibles dificultades sexuales.

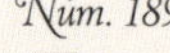

Núm. 186

Ficus religiosa

SIGNIFICADOS SIMBÓLICOS

Árbol sagrado, buena suerte, despertar, energía luminosa, felicidad, fertilidad, iluminación, inspiración, longevidad, meditación, paz, potencial supremo, prosperidad, recuerdo, religiosidad, sabiduría, sacralidad

POSIBLES PODERES

Fertilidad, iluminación, meditación, protección, sabiduría

CURIOSIDADES

La leyenda cuenta que Siddhartha Bautama estaba sentado bajo un *Ficus religiosa* en el momento de su iluminación. Permaneció sentado bajo él durante seis años. Un descendiente directo de este árbol en concreto está consagrado en el Templo de Mahabodhi de Bodh Gaya (India), y es un lugar de peregrinaje para los devotos budistas. • Un árbol *Ficus religiosa* tarda entre 102 y 500 años en crecer completamente. • Tiene unas hojas en forma de corazón muy características. • Se puede hallar arte religioso budista pintado en las hojas del *Ficus religiosa*. • Las hojas de *Ficus religiosa* suelen poseerse como si fueran tesoros sagrados. • Dé varias vueltas alrededor de un árbol *Ficus religiosa* para hacer huir al mal.

Núm. 187

Filipendula ulmaria

SIGNIFICADOS SIMBÓLICOS

Inutilidad, utilidad

POSIBLES PODERES

Adivinación, amor, paz

CURIOSIDADES

La *Filipendula ulmaria* era la hierba preferida de la reina Isabel I para esparcir por el suelo a modo de adorno. • Se han hallado restos incinerados de *Filipendula ulmaria* que datan de la Edad de Bronce en Gales.

Núm. 188

Fittonia argyroneura ☠

SIGNIFICADOS SIMBÓLICOS

Me pones nervioso/a, no te pongas nervioso/a

CURIOSIDADES

Las vetas extensas de la hoja de *Fittonia argyroneura* se asemejan a un conjunto de nervios.

Núm. 189

Foeniculum

SIG. SIMBÓLICOS

Adulación, coraje, cura para el desamor, digno de toda clase de alabanza, duelo, engaño, fuerza, ingrediente amuleto, larga vida, potencia, protección, purificación, resistencia

POSIBLES PODERES

Coraje, curación, exorcismo, fuerza, inmortalidad, longevidad, protección, purificación, repele a los malos espíritus, virilidad

CURIOSIDADES

Se cree que tapar las cerraduras con semillas de *Foeniculum* impide que entren los fantasmas. • Colgar *Foeniculum* en las ventanas y puertas evitará que entren los malos espíritus. • Lleve encima semillas de *Foeniculum* para mantener alejados de usted a los malos espíritus.

Núm. 190

Forsythia

SIG. SIMBÓLICOS

Anticipación

CURIOSIDADES

La floración de la *Forsythia* a principios de primavera ilumina el paisaje con sus ramas cubiertas de brillantes flores amarillas, y ofrece una cálida bienvenida tras el invierno.

Núm. 191

Fortunella japonica

SIGNIFICADOS SIMBÓLICOS

Afortunado, buena suerte, buena suerte de la mejor clase, buena suerte próspera, no es oro todo lo que reluce

POSIBLES PODERES

Riqueza

CURIOSIDADES

El fruto de *Fortunella japonica* tiene una atractiva cáscara dulce con un interior muy agrio que puede dar a entender a algunos remitentes y destinatarios que «no es oro todo lo que reluce».

Núm. 192

Fragaria vesca

SIGNIFICADOS SIMBÓLICOS

Excelencia perfecta

POSIBLES PODERES

Amor, suerte

CURIOSIDADES

Lleve hojas de *Fragaria vesca* para la buena suerte.

Núm. 193

Fragaria x ananassa

SIGNIFICADOS SIMBÓLICOS

Bondad perfecta, excelencia perfecta, perfección

POSIBLES PODERES

Amor, suerte

Flor deFragaria xanassa:

Amor, suerte

Núm. 194

Fraxinus excelsior

SIG. SIMBÓLICOS

Crecimiento, expansión, grandeza, mejores perspectivas, salud

POSIBLES PODERES

Amor, curación, prosperidad, protección, rituales marinos

CURIOSIDADES

En la mitología escandinava, el mítico *Fraxinus excelsior,* conocido como «Yggdrasil», es considerado el centro del cosmos, cuyas raíces se sumergen en el inframundo, nutridas por la sabiduría y la fe; su tronco sostiene la tierra mientras que su copa alcanza los confines del cielo. • Si se hace a la mar, lleve una cruz solar tallada en madera de *Fraxinus excelsior* para protegerse de ahogamientos. • Coloque un bastón de *Fraxinus excelsior* sobre puertas y ventanas para protegerse de la brujería. • Queme un tronco de Navidad de *Fraxinus excelsior* para tener prosperidad. • Lleve encima sus hojas para conseguir el amor del sexo opuesto. • Se cree que colocar hojas de *Fraxinus excelsior* bajo la almohada favorece los sueños proféticos. • Esparza sus hojas en las cuatro direcciones cercanas a la casa para protegerla y proteger toda la zona que la rodea. • Colocar hojas frescas de *Fraxinus excelsior* en un cuenco con agua junto a la cama durante la noche, y desecharlas por la mañana, supuestamente es un método que previene las enfermedades.

Núm. 195

Freesia

SIGNIFICADOS SIMBÓLICOS

Carácter honorable del amor, confianza, fidelidad, fidelidad a través de las estaciones, inmadurez, inmadurez, inocencia

SIGNIFICADO ESPECÍFICO POR COLOR: Rosa: amor maternal

SIGNIFICADO ESPECÍFICO POR COLOR: Rojo: pasión

SIGNIFICADO ESPECÍFICO POR COLOR: Blanco: inocencia, pureza

SIGNIFICADO ESPECÍFICO POR COLOR: Amarillo: júbilo

CURIOSIDADES

La *Freesia* crecerá tanto como la *Gladiola* antes de empezar a brotar en flor, y el extremo superior del tallo se doblará casi noventa grados para florecer horizontalmente. • A diferencia de otras flores cortadas compradas que se colocan en agua para su exhibición, si se corta la parte inferior del tallo de la *Freesia* antes de sumergirla, la flor morirá rápidamente debido a la intensa liberación de gas etileno. • Para evitar que la *Freesia* muera enseguida, no la coloque junto a ningún *Narcissus* en un arreglo floral.

Núm. 196

Galega officinalis ☠

SIGNIFICADOS SIMBÓLICOS

Razón

SIGNIFICADO ESPECÍFICO POR COLOR:

Morado: amor a primera vista, primeras emociones

POSIBLES PODERES

Curación, exorcismo, protección, salud

CURIOSIDADES

Hay quien cree que poner hojas de *Galega officinalis* en los zapatos previene el reumatismo.

Núm. 197

Galium aparine

SIGNIFICADOS SIMBÓLICOS

Aferrarse, aferrarse fuerte, no soltar, pegajoso

Aguijón de Galium aparine:
Aférrate a mi

POSIBLES PODERES

Compromiso, protección, relaciones, tenacidad, vinculación

Núm. 198

Galium odoratum ☠

SIGNIFICADOS SIMBÓLICOS

Humildad

POSIBLES PODERES

Dinero, protección, victoria

CURIOSIDADES

Lleve encima *Galium odoratum* para atraer dinero. • También para protegerse del mal. • Lleve una ramita de *Galium odoratum* para salir victorioso en deportes o batallas de cualquier tipo.

Núm. 199

Galium verum

SIGNIFICADOS SIMBÓLICOS

Amor, regocijo, rudeza

CURIOSIDADES

Cuenta la leyenda que el *Galium verum* fue el heno que se utilizó en el pesebre de Belén, donde se colocó a Jesús recién nacido. • Antiguamente, el *Galium verum* seco se usaba para rellenar los colchones, pues se creía que también servía para acabar con las pulgas. • Lleve o póngase una ramita de *Galium verum* para atraer el amor.

Núm. 200

Gardenia jasminoides

SIGNIFICADOS SIMBÓLICOS

Alegría, alegría transitoria, amor, amor secreto, apoyo emocional, buena suerte, curación, dulce amor, emociones estimulantes, eres encantadora, espiritualidad, éxtasis, paz, pureza, purificación, refinamiento, soy demasiado feliz, te amo en secreto, transportar, transportar alegría

POSIBLES PODERES

Amor, curación, espiritualidad, paz

CURIOSIDADES

Debido a que la *Gardenia jasminoides* posee unas vibraciones espirituales extremadamente elevadas, haga flotar una flor en un cuenco de agua fresca o esparza sus pétalos secos por la habitación para fomentar una sensación de gran paz interior y aumentar la espiritualidad.

Núm. 201

Gazania rigens

SIGNIFICADOS SIMBÓLICOS

Abundancia, mírame, rigidez, riqueza

CURIOSIDADES

Las flores de *Gazania rigens*, sensibles a la luz, se cierran cuando oscurece y pueden abrirse solo parcialmente en días nublados.

Núm. 202

Gelsemium sempervirens ☠

SIG. SIMBÓLICOS

Amor fraternal, elegancia, gracia, gracia y elegancia, gracia y elocuencia, modestia, separación

CURIOSIDADES

El jazmín amarillo siempre es venenoso; en algunas ocasiones ha habido niños que se han intoxicado con las flores de *Gelsemium sempervirens*. • Se sabe que la *Gelsemium sempervirens* es tóxica para las abejas productoras de miel.

Núm. 203

Gentiana

SIGNIFICADOS SIMBÓLICOS

Encanto

POSIBLES PODERES

Amor, aplicar el conocimiento, controlar los principios inferiores, descubrir secretos, eliminar la depresión, encontrar objetos perdidos, plano astral, poder, regeneración, romper maleficios, sensualidad, vencer el mal, victoria

Núm. 204

Geranium

SIGNIFICADOS SIMBÓLICOS

Alegría que vuelve, amigo verdadero, amistad, constancia, disponibilidad, distinción, engaño, envidia, estupidez, fertilidad, frustraciones que pasan, júbilo, locura, preferencia, protección, salud

POSIBLES PODERES

Amor, curación, espiritualidad, paz

CURIOSIDADES

Existe la superstición de que las serpientes y las moscas no se acercan a los *Geraniums* blancos.

Núm. 205

Geranium maculatum

SIGNIFICADOS SIMBÓLICOS

Distinción, envidia, piedad inquebrantable

POSIBLES PODERES

Equilibra el cuerpo, equilibra la mente, felicidad, levanta el ánimo, protección, repele a los insectos, supera las actitudes negativas, supera los pensamientos negativos

Núm. 206

Gerbera

SIGNIFICADOS SIMBÓLICOS

Fuerza, inocencia, pureza, pureza y fuerza

CURIOSIDADES

El tallo grueso de la flor de la *Gerbera* es hueco y relativamente frágil.

Núm. 207

Geum urbanum

SIG. SIMBÓLICOS

Funciona como una oración

POSIBLES PODERES

Aleja los malos espíritus, amor, exorcismo, purificación

CURIOSIDADES

Si se lleva como amuleto, *Geum urbanum* protege contra los ataques de bestias, perros y serpientes venenosas.

Núm. 208

Ginkgo biloba

SIGNIFICADOS SIMBÓLICOS

Edad, recuerdo, reflexión, supervivencia, vejez, verdadero árbol de la vida

POSIBLES PODERES

Afrodisíaco, agudeza mental, amor, concentración intensa, curación, fertilidad, longevidad

Núm. 209

Gladiolus

SIGNIFICADOS SIMBÓLICOS

Amor a primera vista, carácter fuerte, dame un respiro, encaprichamiento, flor de los gladiadores, fuerza, fuerza de carácter, generosidad, integridad, integridad moral, me partes el corazón, preparado/a para el combate, recuerdo, soy sincero/a, vitalidad

CURIOSIDADES

La planta *Gladiolus* crecía silvestre en Tierra Santa y a lo largo de la costa de África con tanta abundancia que se cree que sus flores son los «lirios del campo» de los que habló Jesús en su Sermón de la montaña.

Núm. 210

Glechoma hederacea ☠

SIG. SIMBÓLICOS

Asertividad, persistencia

POSIBLES PODERES

Adivinación

CURIOSIDADES

Para averiguar quién está obrando contra usted utilizando magia negativa, empezando un martes, rodee una vela amarilla con *Glechoma hederacea* y luego enciéndala. Entonces sabrá quién es. • Los colonos europeos finalmente lograron llevar semillas y esquejes de *Glechoma hederacea* por todo el mundo.

Núm. 211

Glycyrrhiza glabra ☠

SIGNIFICADOS SIMBÓLICOS

Amor, dominación, rejuvenecimiento

POSIBLES PODERES

Amor, aprendizaje, astucia, autoconservación, buen juicio, ciencia, comunicación, creatividad, fe, fidelidad, iluminación, iniciación, inteligencia, lujuria, memoria, precaución, prudencia, robo, sabiduría, transacciones comerciales

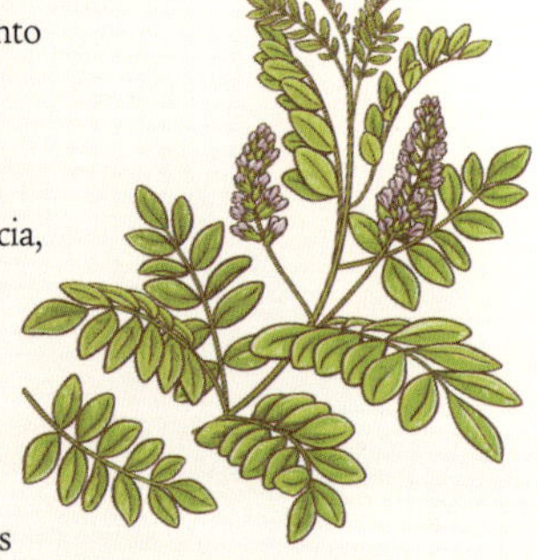

CURIOSIDADES

Lleve consigo un trozo de raíz *Glycyrrhiza glabra* para atraer el amor. • Se cree que la *Glycyrrhiza glabra* es una buena varita mágica.

Núm. 212

Gnaphalium

SIGNIFICADOS SIMBÓLICOS

Pienso en ti

CURIOSIDADES

Las hojas de *Gnaphalium* pueden sobrevivir a la congelación durante el invierno.

Núm. 213

Gnaphalium uliginosum

SIGNIFICADOS SIMBÓLICOS

Memoria incesante, recuerdo incesante, recuerdos perpetuos

POSIBLES PODERES

Curación, longevidad, salud

CURIOSIDADES

Para ayudar a prevenir enfermedades, lleve encima *Gnaphalium uliginosum* o tenga esta planta en casa.

Núm. 214

Gossypium

SIGNIFICADOS SIMBÓLICOS

Sé qué obligaciones tengo, obligaciones

POSIBLES PODERES

Curación, lluvia, pesca, protección, suerte

CURIOSIDADES

Esparcir o plantar *Gossypium* mantendrá alejados a los fantasmas. • La tela de *Gossypium* debe ser su primera elección en caso de necesitar tela con fines mágicos. • Quemar un trozo de *Gossypium* supuestamente hará que llueva. • Poner un trocito de *Gossypium* en el azucarero trae buena suerte. • Arroje *Gossypium* por encima de su hombro derecho cuando salga el sol y tendrá buena suerte ese día. • Empape en vinagre blanco bolitas de *Gossypium* y colóquelas en todos los alféizares de las ventanas para impedir que entre el mal en su casa.

Núm. 215

Grevillea ☠

SIG. SIMBÓLICOS

Actos impulsivos de amor, fúgate conmigo

CURIOSIDADES

Las flores sin pétalos sobre un largo cáliz dan a la *Grevillea* el aspecto estilizado de las cerdas de un cepillo de dientes.

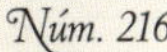

Núm. 216

Grindelia ciliata

SIG. SIMBÓLICOS

Sonrisa que se contagia

POSIBLES PODERES

Capacidad de adherencia, curación

CURIOSIDADES

Todas las partes de la planta *Grindelia ciliata* son pegajosas. • Algunas tribus nativas americanas la usaban para tratar erupciones causadas por la hiedra venenosa y otras afecciones cutáneas. Los pueblos indígenas de Norteamérica Crow y Pawnee la utilizaban para preparar té medicinal y como cataplasma para heridas abiertas y llagas. • Las flores de *Grindelia ciliata* también se empleaba como goma de mascar.

Núm. 217

Guarianthe skinneri

SIGNIFICADOS SIMBÓLICOS

Amuleto maduro

CURIOSIDADES

La flor nacional de Costa Rica es la *Guarianthe skinneri*.

Núm. 218

Gypsophila ☠

SIGNIFICADOS SIMBÓLICOS

Amor eterno, dulce belleza, inocencia, modestia, pureza, pureza de corazón

CURIOSIDADES

Con sus racimos llenos de flores diminutas y delicadas, la *Gypsophila* ha sido durante mucho tiempo la flor favorita de las novias.

H

Núm. 219

Hamamelis

SIG. SIMBÓLICOS

Castidad, maleable, me han hechizado, un hechizo, un hechizo mágico

POSIBLES PODERES

Adivinación, protección

CURIOSIDADES

Una ramita bifurcada de madera de *Hamamelis* es lo que más se utiliza como vara de adivinación eficaz. • Lleva encima una ramita de *Hamamelis* para curar un corazón roto.

Núm. 220

Hedera helix

SIGNIFICADOS SIMBÓLICOS

Afecto, amistad, amistad y fidelidad en el matrimonio, amor conyugal, amor feliz, dependencia, fidelidad, matrimonio, resistencia

Ramita de Hedera:
Anhelos

Brote de zarcillos de Hedera helix:
Afán de agradar, afecto, ansias de agradar

POSIBLES PODERES

Curación, protección

CURIOSIDADES

Hubo una época en la que las mujeres llevaban encima *Hedera helix* para tener seurte. • *Hedera helix* es un símbolo de vida eterna tanto para los paganos como para los cristianos. • Se considera que mezclar *Hedera helix* con *Ilex aquifolium* (acebo) en Navidad trae paz a los cónyuges en su hogar. • La *Hedera helix* puede trepar hasta las copas de los árboles y crecer de tal manera que llega a ser tan densa que estos se derrumban bajo su peso. • Aunque la imagen que nos viene a la mente al pensar en una casa de campo cubierta de hiedra puede parecer romántica, en realidad las raíces aéreas de *Hedera helix* se infiltran en las piedras apiladas en seco y en el mortero debilitado, penetrando debajo y a través de las tablas, lo que puede resultar sumamente destructivo. • Los sitios en los que crece *Hedera helix* o se esparce, están protegidos contra las catástrofes y las energías negativas.

Núm. 221

Hedysarum coronarium

SIGNIFICADOS SIMBÓLICOS

Belleza rústica

CURIOSIDADES

Las vainas de *Hedysarum coronarium* tienen una superficie espinosa.

Núm. 222

Helenium

SIGNIFICADOS SIMBÓLICOS

Lágrimas

POSIBLES PODERES

Expulsa a los malos espíritus

CURIOSIDADES

El acto de estornudar fue lo que confirió a *Helenium* el supuesto poder de ahuyentar a los malos espíritus, expulsándolos con cada estornudo.

Núm. 223

Helianthella parryi

SIGNIFICADOS SIMBÓLICOS

Adoración, te admiro con devoción

CURIOSIDADES

Helianthella parryi tiene un papel importante en la producción de miel.

Núm. 224

Helianthus

SIGNIFICADOS SIMBÓLICOS

Alimentación, altivez, ambición, amor infeliz, buena suerte, calidez, constancia, cura para el desamor, devoción, falsas apariencias, falsas riquezas, flexibilidad, fuerza, homenaje, inspiración, lealtad, logro espiritual, oportunidad, orgullo, pensamientos elevados, pensamientos puros y elevados, poder, puro, riqueza, vitalidad

POSIBLES PODERES

Calidez, constancia, deseos, felicidad, fertilidad, lealtad, lealtad profunda, longevidad, magia de los deseos, nutrición, poder, sabiduría, salud, sustento

CURIOSIDADES

En 1532, Pizarro habló de que había visto a los incas peruanos adorando flores gigantes de *Helianthus*, cuyo diseño también aparecía en oro en las túnicas de las sacerdotisas incas. • El jardinero que cultive *Helianthus* en el jardín tendrá muy buena suerte. • Se cree que si pones una flor de *Helianthus* debajo de la cama, soñarás con cualquier cosa sobre la que necesites saber la verdad. • La cara de las flores de *Helianthus* sigue al sol. • Pueblos nativos de las praderas americanas ponían cuencos con semillas de *Helianthus* como tributo en las tumbas de sus seres queridos. • Se cree que si una chica se pone tres semillas de *Helianthus* en la espalda, se casará con el primer chico que se encuentre. • Hay quien cree que un collar de semillas de *Helianthus*, ensartadas en forma de cuentas, protegerá a quien lo lleve de contraer la viruela. • Algunos creen que si cortas un tallo de *Helianthus* al atardecer mientras pides un deseo, este se hará realidad antes de la puesta de sol del día siguiente.

Núm. 225

Helianthus giganteus

SIGNIFICADOS SIMBÓLICOS

Espléndido, esplendor, grandeza intelectual, miseria, pensamientos elevados, pensamientos puros y elevados, puro

POSIBLES PODERES

Deseos, felicidad, fertilidad, magia de los deseos, sabiduría, salud, sustento

Núm. 226

Helianthus tuberosus

SIG. SIMBÓLICOS

Visión positiva de la vida

POSIBLES PODERES

Curación

CURIOSIDADES

A pesar de que uno de sus nombres comunes es «alcachofa de Jerusalén», *Helianthus tuberosus* no guarda ninguna relación real con Jerusalén. Sin embargo, podría estar vinculada a los primeros colonos norteamericanos, quienes llevaban raíces para plantar y consideraban que el Nuevo Mundo era su «Nueva Jerusalén».

Núm. 227

Helichrysum

SIGNIFICADOS SIMBÓLICOS

Acuerdo, constancia, cura para el desamor, felicidad continua, longevidad, salud

CURIOSIDADES

Se dice que el aceite esencial obtenido de las flores de *Helichrysum* desprende un olor parecido a una mezcla de azúcar quemado y jamón.

Núm. 228

Helichrysum italicum

SIGNIFICADOS SIMBÓLICOS

Date la vuelta

POSIBLES PODERES

Exorcismo, protección

CURIOSIDADES

Aunque la *Helichrysum italicum* no está relacionada con las especias culinarias utilizadas en el curri, su fragancia se le parece muchísimo.

Núm. 229

Heliconia

SIGNIFICADOS SIMBÓLICOS

Grandes retornos

CURIOSIDADES

Heliconia se llama así en honor del monte Helicón, en Grecia, que es el hogar mitológico de las Musas de la Literatura, la Ciencia y el Arte.

Núm. 230

Heliotropium peruvianum ☠

SIGNIFICADOS SIMBÓLICOS

Adoración, devoción, encaprichamiento, fidelidad, me dirijo a ti, yo amo

POSIBLES PODERES

Curación, exorcismo, riqueza, sueños proféticos

Núm. 231

Helleborus ☠

SIGNIFICADOS SIMBÓLICOS

Aliviar mi ansiedad, alivio, ansiedad, astucia, calumnia, escándalo, tranquilizar mi ansiedad

POSIBLES PODERES

Protección

CURIOSIDADES

Aunque todas las partes del *Helleborus* son mortalmente venenosas, antiguamente se creía que si se llevaba un jarrón de *Helleborus* a una habitación llena de terrible negatividad, se expulsaría todo lo desagradable y se sustituiría por tranquilidad.

Núm. 232

Helleborus niger ☠

SIGNIFICADOS SIMBÓLICOS

Ansiedad, escándalo, paz, serenidad, tranquilidad

POSIBLES PODERES

Exorcismo, invisibilidad, paz, protección, proyección astral, tranquilidad

CURIOSIDADES

Todas las partes de la *Helleborus niger* son extremadamente venenosas, por lo que su uso está completamente desaconsejado debido al alto riesgo que conlleva. • Se cree que Alejandro Magno pudo haber sido tratado con *Helleborus niger* para curar una enfermedad, pero que luego murió de manera violenta y grotesca debido al envenenamiento fatal causado por la planta.

Núm. 233

Hemerocallis

SIGNIFICADOS SIMBÓLICOS

Cortejo

CURIOSIDADES

Hemerocallis significa «belleza por un día» en griego, porque las flores solo duran un día.

Núm. 234

Hemerocallis fulva

SIG. SIMBÓLICOS

Cortejo, diversidad, tenacidad

CURIOSIDADES

Introducida en Norteamérica por inmigrantes europeos, la *Hemerocallis fulva* es originaria de China y Corea. • Dado que su bulbo puede sobrevivir durante semanas sin plantarse, se transportaron por mar y en caravanas de carretas a través de Norteamérica, y ahora florecen de forma silvestre en los bordes de las carreteras y las vías férreas. • Las flores de *Hemerocallis fulva* duran un día.

Núm. 235

Hemerocallis lilioasphodelus

SIGNIFICADOS SIMBÓLICOS

Cortejo, maternidad, olvido

POSIBLES PODERES

Disminuye la pena provocando el olvido

Núm. 236

Hepatica

SIGNIFICADOS SIMBÓLICOS

Confianza, constancia, fiabilidad

POSIBLES PODERES

Amor, protección

CURIOSIDADES

Si una mujer quiere asegurarse el amor de un hombre, debe llevar siempre consigo *Hepatica*.

Núm. 237

Hesperis matronalis

SIGNIFICADOS SIMBÓLICOS

A la moda, atención, eres la reina de la coquetería, moda

SIGNIFICADO ESPECÍFICO POR COLOR: Blanco: Dios está en todas partes, no desesperes

Núm. 238

Hibiscus rosa-sinensis

SIGNIFICADOS SIMBÓLICOS

Belleza, belleza delicada, belleza rara, delicadeza, paz y felicidad

POSIBLES PODERES

Actitud, adivinación, ambición, amor, armonía, conceptos espirituales, entendimiento superior, lógica, lujuria, manifestación en forma material, pensamiento claro, procesos de pensamiento

CURIOSIDADES

Se conoce como la «Flor del Zapato» porque sus pétalos sirven para lustrar zapatos. • En las islas del Pacífico, las mujeres llevan una flor roja de *Hibiscus rosa-sinensis* para indicar qué buscan. Detrás de la oreja izquierda, indica que quieren un amante. Detrás de la oreja derecha, significa que ya tienen un amante. Si la llevan detrás de ambas orejas, significa que tienen un amante, pero que les gustaría tener otro. • En los países tropicales, estas flores se colocan en coronas matrimoniales y se utilizan como decoración en las ceremonias de boda.

Núm. 239

Hibiscus syriacus

SIG. SIMBÓLICOS

Amor persistente, consumido por el amor, persuasión

POSIBLES PODERES

Amor, exorcismo, protección

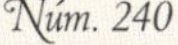

Núm. 240

Hibiscus trionum

SIGNIFICADOS SIMBÓLICOS

Belleza delicada, fragilidad

CURIOSIDADES

Las flores de *Hibiscus trionum* son blancas o amarillas con el centro morado.

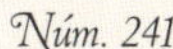

Núm. 241

Hieracium

SIGNIFICADOS SIMBÓLICOS

Adhesividad, vista rápida

CURIOSIDADES

Las flores de *Hieracium* se confunden a menudo con las de *Taraxacum* (diente de león).

Núm. 242

Hordeum vulgare

SIGNIFICADOS SIMBÓLICOS

Amor, grano de la vida

POSIBLES PODERES

Amor, curación, protección

CURIOSIDADES

El *Hordeum vulgare* fue uno de los primeros cereales que realmente se cultivaron en Oriente Próximo, y data aproximadamente de 1500-891 a. C. Hay constancia de la existencia de *Hordeum vulgare spontaneum* (cebada silvestre) aproximadamente en el año 8500 a.C. • La importancia del *Hordeum vulgare* radica en los rituales religiosos de las antiguas épocas de Oriente Próximo, Grecia y Egipto. • En la época medieval, se utilizaba a menudo un método de adivinación que consistía en utilizar pasteles hechos de *Hordeum vulgare* para determinar la culpabilidad o la inocencia. Esto se conoce como *alfitomancia*; si había un grupo de presuntos criminales que había que investigar, se les daba a todos pasteles o panes hechos de *Hordeum vulgare.* Al parecer, la persona que sufría una indigestión era la culpable. • Esparza *Hordeum vulgare* por el suelo cerca de su casa para evitar que el mal y la negatividad se acerquen a ella.

Núm. 243

Hosta ☠

SIG. SIMBÓLICOS

Devoción

CURIOSIDADES

Sus hojas grandes y anchas, con flores similares a los lirios en tallos altos, hacen que la *Hosta*, resistente a la sombra y al invierno, sea una planta de jardín especialmente apreciada y fácil de cultivar.

Núm. 244

Hoya ☠

SIGNIFICADOS SIMBÓLICOS

Escultura, satisfacción, susceptibilidad

POSIBLES PODERES

Poder, protección

CURIOSIDADES

Cuando se cultiva en casa, la *Hoya* ofrece protección. • Seque las flores de *Hoya* para llevarlas como amuleto de poder y protección.

Núm. 245

Hoya carnosa ☠

SIGNIFICADOS SIMBÓLICOS

Llega hasta las estrellas, protección, riqueza, tan dulce como parece, veo a través de ti

CURIOSIDADES

La *Hoya carnosa* es una planta trepadora conocida por el néctar que gotea y la translucidez de sus flores en forma de estrella.

Núm. 246

Humulus lupulus

SIGNIFICADOS SIMBÓLICOS

Diversión, injusticia, orgullo y pasión

POSIBLES PODERES

Curación, sueño

CURIOSIDADES

Duerma sobre una almohada rellena de *Humulus lupulus* seco para mejorar el descanso.

Núm. 247

Hyacinthoides non-scripta

SIGNIFICADOS SIMBÓLICOS

Amabilidad, bondad, constancia, delicadeza, gratitud, humildad, lamento doloroso, soledad, suerte, verdad

CURIOSIDADES

La flor de *Hyacinthoides non-scripta*, con su agradable fragancia, es uno de los aromas favoritos de muchas colonias y productos de tocador en Gran Bretaña.

Núm. 248

Hyacinthus orientalis

SIGNIFICADOS SIMBÓLICOS

Amor, benevolencia, celos, constancia, deporte, fe, felicidad, impulsividad, juego, juegos y deportes, jugar, protección, superación de la pena, temeridad, ternura de la naturaleza

POSIBLES PODERES

Amor, felicidad, muerte y renacimiento, protección, retraso de la madurez sexual

CURIOSIDADES

Inhalar flores frescas de *Hyacinthus orientalis* alivia la depresión y la pena. • Si cultiva *Hyacinthus orientalis* en una maceta y la coloca en el dormitorio, evitará las pesadillas.

Núm. 249

Hybrides remontants

SIGNIFICADOS SIMBÓLICOS

Belleza inmortal

CURIOSIDADES

La emperatriz Josefina de Francia cultivó y fomentó el desarrollo de *Hybrides remontants* en sus exuberantes jardines de Malmaison.

Núm. 250

Híbrido de té

SIGNIFICADOS SIMBÓLICOS

Deseo, deseo perdurable, lo recordaré siempre, siempre adorable

CURIOSIDADES

El *Té híbrido* es la flor de rosa más común que utilizan los floristas para crear ramilletes.

Núm. 251

Hydrangea

SIGNIFICADOS SIMBÓLICOS
Agradecimiento, alabanza y agradecimientos sinceros, cruel, desenredar, despiadado, despreocupación, devoción, eres una persona fría, falso orgullo, fanfarrón/a, frialdad, frigidez, gracias por comprender, orgullo, recordatorio, vanagloria

POSIBLES PODERES
Romper maleficios

CURIOSIDADES
Lleve encima *Hydrangea* o espárzala por casa para romper un maleficio.

Núm. 252

Hydrastis canadensis ☠

SIGNIFICADOS SIMBÓLICOS
Limpieza

POSIBLES PODERES
Curación, dinero

CURIOSIDADES
La *Hydrastis canadensis* silvestre es una especie en peligro de extinción debido a la sobreexplotación.

Núm. 253

Hylocereus undatus

SIGNIFICADOS SIMBÓLICOS
Belleza bajo la luz de la luna, belleza pasajera

CURIOSIDADES
Un enorme seto de *Hylocereus undatus*, plantado en Honolulú en 1836 en la Escuela Punahou por una mujer llamada Mrs. Bingham, se considera la planta madre de casi todos los *Hylocereus undatus* de Hawái, cuyos esquejes fueron extraídos de esta escuela durante más de un siglo.

Núm. 254

Hyoscyamus niger ☠

SIGNIFICADOS SIMBÓLICOS
Defecto, falta, imperfección, mancha

POSIBLES PODERES
Amor, brujería, muerte

CURIOSIDADES
Todas las partes de la planta *Hyoscyamus niger* son extremadamente venenosas, lo que hace que su uso sea sumamente peligroso y totalmente desaconsejado. • Para ganarse el amor de una mujer, es necesario recoger *Hyoscyamus niger* a primera hora de la mañana. La persona que lo haga tendrá que ir desnuda, sola y sosteniéndose sobre un solo pie.

Núm. 255

Hypericum perforatum ☠

SIGNIFICADOS SIMBÓLICOS

Animosidad, simpleza, superstición

POSIBLES PODERES

Adivinación, adivinación del amor, coraje, exorcismo, felicidad, fuerza, hechizos de dinero, poder, protección, salud

CURIOSIDADES

Se decía que la planta *Hypericum perforatum* era tan ofensiva para los espíritus malignos que, con solo olerla, les obligaba a irse volando. Antiguamente, se pensaba que si las muchachas dormían con *Hypericum perforatum* bajo la almohada, ahuyentaban a los espíritus malignos y soñaban con la identidad de sus futuros esposos. • Antiguamente, se creía que si el *Hypericum perforatum* no florecía, alguien moriría. • Se supone que el *Hypericum perforatum* protege contra el mal si se lleva como amuleto. • Se creía que *Hypericum perforatum* protegía las casas de calamidades como incendios, rayos y tormentas.

Núm. 256

Hypoestes phyllostachya

SIGNIFICADOS SIMBÓLICOS

Antojos, pecas

CURIOSIDADES

Las hojas moteadas de la *Hypoestes phyllostachya* son caprichosamente alegres y vivaces.

Núm. 257

Hyssopus officinalis

SIGNIFICADOS SIMBÓLICOS

Limpieza, santidad

POSIBLES PODERES

Ahuyentar los malos espíritus, curación, limpieza espiritual, protección, purificación

CURIOSIDADES

La *Hyssopus officinalis* mencionada muchas veces en la Biblia y utilizada desde la antigüedad, se considera un elemento particularmente sagrado y es la hierba sagrada de purificación que más se utiliza. • Cuelga *Hyssopus officinalis* en casa para expulsar el mal y la negatividad. • La esponja mojada en vinagre que le llevaron a Jesús cuando sufría en la cruz y que le acercaron a la boca para que bebiera de ella, estaba insertada en una rama de *Hyssopus officinalis*.

I

Núm. 258

Iberis

SIG. SIMBÓLICOS

Arquitectura, indiferencia

CURIOSIDADES

La planta *Iberis* sirve de alimento a las orugas de *Euchloe tagis*, las cuales se transforman en las escasas mariposas blancas moteadas portuguesas.

Núm. 259

Ilex aquifolium ☠

SIGNIFICADOS SIMBÓLICOS

Buen ánimo, buena suerte, buena voluntad, coraje, defensa, embelesamiento, felicidad hogareña, interrogación, me pregunto si se olvidan de mí, mirar, previsión, pronóstico, protección, sabiduría, símbolo del hombre, símbolo del hombre, símbolo del ser humano, subconsciente, sueños, victoria difícil alcanzada, vigilancia

Bayas de Ilex aquifolium:
Alegría navideña

POSIBLES PODERES

Antirrayos, atrae y repele energías, inmortalidad, magia de los sueños, protección, protección contra el daño en los sueños, protección contra el mal de ojo, protección contra la brujería, suerte

CURIOSIDADES

A veces los hombres llevan *Ilex aquifolium* para atraer la suerte. • Los antiguos druidas creían que el *Ilex aquifolium* mantenía bella la Tierra durante el tiempo en que los *Quercus* (robles) no tenían hojas. Durante ese periodo, los druidas llevaban *Ilex aquifolium* en el pelo cuando llegaba el momento de ver a cómo sus sacerdotes cortaban el *Viscum album* («muérdago»), que era sagrado para ellos. • En la Europa medieval, se plantaba *Ilex aquifolium* cerca de las casas para protegerlas de los rayos y atraer la buena fortuna. • En Inglaterra se creía que una ramita de *Ilex aquifolium* colocada en la cabecera de la cama propiciaba dulces sueños. • En Gales, se creía que si se llevaba *Ilex aquifolium* a casa antes de Navidad, provocaría discusiones familiares. • También se creía que si se dejaba *Ilex aquifolium* como adorno pasada la Noche de Reyes ocurriría una desgracia que equivaldría al número de hojas y ramas de *Ilex aquifolium* que quedasen en la casa. • Se cree que llevar *Ilex aquifolium* a casa de un amigo podría provocar muerte. • Otra creencia es que conservar un trozo de *Ilex aquifolium* que se utilizó en una iglesia como adorno navideño traerá buena fortuna durante todo el año. • Si se recoge *Ilex aquifolium*, el día de Navidad servirá para protegerse de los malos espíritus y las brujas. • Un método de adivinación consiste en colocar pequeñas velas en hojas de *Ilex aquifolium* y hacerlas flotar en el agua. Si las hojas flotan, la iniciativa que se tiene en mente prosperará. Sin embargo, si alguna de las hojas se hunde y se apaga una de las velas, es una señal de que es mejor no seguir adelante. • Se cree que arrojar *Ilex aquifolium* a un animal salvaje hará que te deje en paz, aunque en realidad no le toque ninguna parte de la planta. • En tiempos antiguos, se tomaba muy en serio un método de adivinación meteorológica que sostenía que un exceso de bayas en el arbusto de*Ilex aquifolium* era indicio de un invierno riguroso. • Los druidas consideraban que era fundamental introducir *Ilex aquifolium* en sus hogares durante el invierno, creyendo que así ofrecían refugio a los duendes y hadas, quienes se alojaban con los humanos para escapar del frío intenso.

Núm. 260

Ilex paraguariensis ☠

SIGNIFICADOS SIMBÓLICOS

Amor, pareja, romance

POSIBLES PODERES

Amor, conocimiento, construcción, fidelidad, historia, limitaciones, lujuria, muerte, obstáculos, tiempo, vinculación

CURIOSIDADES

Lleve consigo una ramita de *Ilex paraguariensis* para atraer al sexo opuesto. • Vierta una infusión de *Ilex paraguariensis* para romper con lo que una vez fue una relación romántica.

Núm. 261

Illicium verum ☠

SIG. SIMBÓLICOS

Buena suerte, suerte

POSIBLES PODERES

Amuleto de buena surte, poderes psíquicos

CURIOSIDADES

Lleve *Illicium verum* en el bolsillo para que le dé suerte. • Lleve un collar con estas flores para aumentar sus poderes psíquicos. • Se puede fabricar un poderoso péndulo con *Illicium verum* colgado de un cordel.

Núm. 262

Impatiens

SIG. SIMBÓLICOS

Amor apasionado, esperar me resulta difícil, impaciencia, impaciencia que se resuelve, no me toques, no tocar

SIGNIFICADO ESPECÍFICO POR COLOR: Rojo: impaciencia que se resuelve, no me toques

SIG. ESPECÍFICO POR COLOR: Amarillo: impaciencia

Núm. 263

Impatiens walleriana

SIGNIFICADOS SIMBÓLICOS

Impaciencia

CURIOSIDADES

La *Impatiens walleriana* es una de las pocas plantas que florecen en la sombra.

Núm. 264

Inula helenium

SIGNIFICADOS SIMBÓLICOS

Lágrimas

POSIBLES PODERES

Amor, protección, poderes psíquicos

CURIOSIDADES

Lleve consigo *Inula helenium* como protección y para atraer el amor.

Núm. 265

Ipomoea ☠

SIGNIFICADOS SIMBÓLICOS

Afecto, apego, vínculos, cortejo, muerte, muerte y renacimiento, deferencia, abrazo, belleza gloriosa, humildad, siento apego por ti, amor en vano, noche, obstinación, reposo, ella te ama, espontaneidad, incertidumbre, promesas voluntarias

SIGNIFICADO ESPECÍFICO POR COLOR:

Rosa: valor sostenido por un afecto juicioso y tierno

POSIBLES PODERES

Felicidad, paz

CURIOSIDADES

La *Ipomoea* aportará paz y felicidad, si se cultiva en el jardín. • Se supone que si se colocan semillas de *Ipomoea* bajo la almohada, se acabarán las pesadillas.

Núm. 266

Ipomoea alba ☠

SIGNIFICADOS SIMBÓLICOS

Esta noche, noche, soñar con amor

CURIOSIDADES

A diferencia de otras variedades de *Ipomoea* conocidas por sus flores que florecen por la mañana y en tonos azules y rosas, la *Ipomoea alba* es totalmente blanca, tiene un ligero aroma, es algo más redondeada y florece por la tarde.

Núm. 267

Ipomoea quamoclit ☠

SIGNIFICADOS SIMBÓLICOS

Entrometido/a, protección

CURIOSIDADES

Las flores tubulares de color rojo vivo de la *Ipomoea quamoclit* atraen a los colibríes durante toda la temporada de floración. • El follaje de la *Ipomoea quamoclit* es esponjoso y frondoso, lo que hace que esta enredadera de abundante floración resulte aún más hermosa.

Núm. 268

Iris ☠

SIGNIFICADOS SIMBÓLICOS

Amigable, arcoíris, ardo, ardo de amor, buenas noticias, coraje, corazón puro, esperanza, fe, fuego, grácil, idea, llama, mensaje, mensaje agradable, pero también dolor, promesa, promesa de amor, pureza, sabiduría, saludos, tengo un mensaje para ti, tu amistad significa mucho para mí, un mensaje, valor, viajar, victoria y conquista

POSIBLES PODERES

Autoridad, curación, fe, magia, magia y energía para fines puros, poder, protección contra espíritus malignos, purificación, reencarnación, sabiduría

CURIOSIDADES

Iris ha sido un símbolo sagrado de protección divina y realeza en todo el mundo desde aproximadamente el siglo V. • Coloca un jarrón de flores frescas de *Iris* en una zona que requiera limpieza energética. • Las puntas de la flor de *Iris* simbolizan la fe, la sabiduría y el valor.

J

Núm. 269

Jacaranda mimosifolia

SIGNIFICADOS SIMBÓLICOS

Imperial, poder

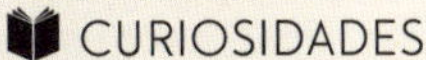

CURIOSIDADES

Las flores largas, pendulares, densamente agrupadas, de color azul púrpura brillante, amarillo dorado o rojo vivo de *Jacaranda mimosifolia* hacen de él uno de los árboles con una floración más espectacular.

Núm. 270

Jasminum grandiflorum

SIGNIFICADOS SIMBÓLICOS

Sensualidad

POSIBLES PODERES

Amor, dinero, sueños proféticos

CURIOSIDADES

Las flores de *Jasminum grandiflorum* atraen el amor espiritual. • La fragancia de estas flores ayuda a conciliar el sueño.

Núm. 271

Jasminum officinale

SIGNIFICADOS SIMBÓLICOS

Afabilidad, alegría, locura, modestia, regocijo, riqueza, riqueza material, timidez

POSIBLES PODERES

Aclamación pública, adivinación, amor, capacidad psíquica, dinero, emociones, éxito, expansión, fertilidad, generación, honor, inspiración, intuición, liderazgo, magia de los sueños, mar, mareas, mente subconsciente, negocios, poder, política, realeza, responsabilidad, riqueza, sueños proféticos, viajar por el agua

CURIOSIDADES

Las flores de *Jasminum officinale* atraen el amor espiritual. • La fragancia de las flores de *Jasminum officinale* ayuda a conciliar el sueño.

Núm. 272

Juglans regia ☠

SIGNIFICADOS SIMBÓLICOS

Estratagema, infertilidad, intelecto, presentimiento

POSIBLES PODERES

Claridad mental, deseos, poderes mentales, poderes mentales fuertes, salud

CURIOSIDADES

Sus deseos se cumplirán, si alguien te regala una bolsa de *Juglans regia*.

Núm. 273

Juniperus

SIGNIFICADOS SIMBÓLICOS

Amor, asilo, ayuda, socorro

POSIBLES PODERES

Abundancia, ahuyentar serpientes, antirrobo, avance, construcción, energía, muerte, romper maldición, vinculación, voluntad consciente

CURIOSIDADES

Colgar *Juniperus* en la puerta protegerá el hogar de las fuerzas malignas.

Núm. 274

Justicia brandegeeana

SIGNIFICADOS SIMBÓLICOS

Libertad, perfección de la belleza femenina

CURIOSIDADES

Las flores de *Justicia brandegeeana* son muy pequeñas y salen de unas brácteas de color festivo en forma de cadena.

Núm. 275

Kalanchoe

SIGNIFICADOS SIMBÓLICOS

Afecto duradero, duradero, amor eterno, persistencia, resistencia, tienes un temperamento demasiado impetuoso

CURIOSIDADES

Todas las plantas *Kalanchoe* florecen durante ocho semanas.

Núm. 276

Koelreuteria paniculata

SIGNIFICADOS SIMBÓLICOS

Disensión

CURIOSIDADES

Una vez está suficientemente madura para florecer, las flores de *Koelreuteria paniculata* cubren el árbol entero de dorado.

L

Núm. 277

Lablab purpureus ☠

SIGNIFICADOS SIMBÓLICOS

Vivamente adorable

CURIOSIDADES

El *Lablab purpureus* tiene una vaina púrpura.

Núm. 278

Laburnum anagyroides ☠

SIGNIFICADOS SIMBÓLICOS

Belleza pensativa, desamparo, negrura

CURIOSIDADES

Aunque todas sus partes contienen un veneno mortal, las flores de *Laburnum anagyroides*, de un amarillo dorado similar al de las orquídeas, cuelgan en racimos pendulares durante la floración.

Núm. 279

Lactuca sativa

SIGNIFICADOS SIMBÓLICOS

Castidad, desafecto, frialdad, indiferencia

POSIBLES PODERES

Adivinación, adivinación del amor, afrodisíaco, amor, anticoncepción, maternidad, protección, sueño

CURIOSIDADES

La *Lactuca sativa* es originaria de la zona mediterránea y es uno de los vegetales más antiguos que se conocen en la Tierra. • Antiguamente, en Inglaterra se creía que el crecimiento excesivo de *Lactuca sativa* provocaba esterilidad en el hogar, lo que la convertía en una forma de anticonceptivo considerada demasiado eficaz. • Un método para adivinar el amor con *Lactuca sativa* consiste en escribir el nombre de la persona que le gusta en la tierra y luego plantar semillas de la planta. Si las semillas brotan, el amor crecerá entre usted y esa persona.

Núm. 280

Lagerstroemia

SIGNIFICADOS SIMBÓLICOS

Elocuencia

POSIBLES PODERES

Castidad

CURIOSIDADES

El árbol *Lagerstroemia* fue muy apreciado por los emperadores chinos durante muchos siglos. • En las zonas donde crece fácilmente, se utiliza como árbol para bordear las calles. • En la época medieval, se utilizaba a menudo para hacer guirnaldas nupciales. • Existe la leyenda de que si sueñas con *Lagerstromemia* tendrás una larga vida llena de buena suerte. • Aporte paz y amor a una casa cultivando *Lagerstromemia* a cada lado de la puerta principal.

Núm. 281

Lagunaria patersonii ☠

SIGNIFICADOS SIMBÓLICOS

Inconstancia

CURIOSIDADES

El *Lagunaria patersonii* es un hermoso árbol originario de Australia, pero tiene un inconveniente: sus vainas y fibras urticantes pueden causar picazón en el ganado, ya que penetran dolorosamente en la piel y son difíciles de eliminar. • A las abejas les encantan las flores de *Lagunaria patersonii*.

Núm. 282

Lavandula angustifolia

SIGNIFICADOS SIMBÓLICOS

Amor, constancia, desconfianza, desconfianza, devoción, fe, fiel, humildad

POSIBLES PODERES

Aclamación pública, amor, amuleto contra el mal de ojo, aprendizaje, astucia, autoconservación, buen juicio, castidad, ciencia, comunicación, creatividad, curación, éxito, expansión, fe, felicidad, honor, hurto, iluminación, induce al sueño, iniciación, inteligencia, invocar el buen humor, liderazgo, longevidad, magia, memoria, negocios, paz, poder, política, precaución, protección, prudencia, purificación, realeza, responsabilidad, riqueza, sabiduría, sueño, transacciones comerciales, visión interior

Lavandula angustifolia con *Rosmarinus officinalis:*
Castidad, favorece la castidad

CURIOSIDADES

Desde la antigüedad, la *Lavandula officinalis* se ha utilizado para perfumar habitaciones, ropa de cama y a uno mismo. • Antiguamente, se daban ramitas de *Lavandula officinalis* a las parturientas para que las sostuvieran, ya que al apretarlas con las manos se liberaba su fragancia calmante que les aliviaba el sufrimiento. • Se considera que tener *Lavandula officinalis* en casa aporta tranquilidad. • Se cree que regalar ramitas de *Lavandula officinalis* a los recién casados les trae buena suerte. • Se cree que oler la fragancia de *Lavandula officinalis* permite ver fantasmas. • Llevar ropa perfumada con flores de *Lavandula angustifolia* atrae el amor. • Escribir una nota de amor en un papel perfumado con flores de *Lavandula angustifolia* atraerá el amor. • Esparza flores de *Lavandula angustifolia* por la casa para inducir tranquilidad y eliminar la sensación de depresión de su entorno.

Núm. 283

Lavatera

SIGNIFICADOS SIMBÓLICOS

Carácter dulce

POSIBLES PODERES

Amor, honrar a los muertos, protección

Núm. 284

Lawsonia inermis ☠

SIGNIFICADOS SIMBÓLICOS

Argucia, eres más que guapo, fragancia

POSIBLES PODERES

Alivio del dolor de cabeza, amor, capacidad psíquica, curación, emociones, fertilidad, generación, inspiración, intuición, mar, mareas, mente subconsciente, protección contra el mal de ojo, protección contra la enfermedad, salud, viajar por el agua

CURIOSIDADES

Lleva una ramita de *Lawsonia inermis* cerca del corazón para atraer el amor.

Núm. 285

Leontodon

SIGNIFICADOS SIMBÓLICOS

Visión de halcón

CURIOSIDADES

El *Leontodon* pertenece a la misma familia de plantas que el *Taraxacum* (Dandelion) y su aspecto es parecido. • En la Edad Media se creía que los halcones comían las flores de *Leontodon* para mejorar su vista.

Núm. 286

Leontopodium nivale

SIGNIFICADOS SIMBÓLICOS

Nobleza, osadía, pureza noble, valor noble

POSIBLES PODERES

Antibalas, coraje, invisibilidad, osadía, poder

CURIOSIDADES

La *Leontopodium nivale* es una planta protegida, por lo que está estrictamente prohibido arrancarle las flores. • Se creía que si se confeccionaba una corona de flores de *Leontopodium nivale* y se llevaba puesta, el portador se volvía invisible. • Para que se cumpla el deseo de tu corazón, cultiva y cuida una planta de *Leontopodium nivale*.

Núm. 287

Leonurus cardiaca

SIGNIFICADOS SIMBÓLICOS

Amor oculto, amor secreto, creatividad, imaginación

CURIOSIDADES

Introducida en Norteamérica para atraer a las abejas, la *Leonurus cardiaca* se ha naturalizado como planta silvestre, en campos sin cultivar, vertederos de basura y a lo largo de los bordes de las carreteras.

Núm. 288

Lepidium sativum

SIG. SIMBÓLICOS

Estabilidad, itinerante, poder, siempre fiable

POSIBLES PODERES

Afrodisíaco, coraje, invisibilidad, osadía, poder

CURIOSIDADES

En la magia, la *Lepidium sativum* se considera una hierba de Saturno y Tauro que se utiliza en combinación con otras plantas designadas mágicamente en la hechicería sexual, entre otras cosas. • Debido a su capacidad para absorber toxinas del suelo, tenga mucho cuidado al elegir el lugar donde va a plantar *Lepidum sativum*.

Núm. 289

Leptospermum scoparium

SIGNIFICADOS SIMBÓLICOS

Tenacidad

POSIBLES PODERES

Adaptación, salud

CURIOSIDADES

En el siglo XX, el mirto de Mãnuka se consideraba una mala hierba. Hoy en día, es todo lo contrario, ya que su función es contribuir a la conservación y a la economía. • Las abejas melíferas lo adoran y fabrican una miel deliciosa con su néctar y su polen. • Los periquitos salvajes de Nueva Zelanda, los kākāriki, se comen las hojas del mirto de Mãnuka para purgarse de los parásitos. • Aunque es conocido como «árbol del té» y está relacionado de forma lejana con *Melaleuca alternifolia* (la planta de la que se extrae el aceite esencial de árbol del té), ambas especies son diferentes y no deben confundirse.

Núm. 290

Leucanthemum vulgare

SIGNIFICADOS SIMBÓLICOS

Alegría, amor leal, decepción, fe, inocencia, paciencia, pureza, simpleza, una señal

POSIBLES PODERES

Adivinación, adivinación para el amor

CURIOSIDADES

La flor de la *Leucanthemum vulgare* se ha utilizado como método para adivinar el amor durante muchas generaciones, arrancando los pétalos al ritmo de «me quiere, no me quiere», siendo el último pétalo la respuesta a la pregunta. • La *Leucanthemum vulgare* se ha encontrado representada en muchos adornos, decoraciones, pinturas y cerámicas antiguas de todo Oriente Próximo. • Los antiguos celtas creían que el *Leucanthemum vulgare* era de los espíritus de los bebés que morían al nacer. • Si se sueña con *Leucanthemum vulgare* en primavera, da buena suerte; en otoño o invierno, da mala suerte.

Núm. 291

Levisticum officinale

SIGNIFICADOS SIMBÓLICOS

Amor, trae amor

POSIBLES PODERES

Amor, atracción

CURIOSIDADES

Se cree que añadir *Levisticum officinale* al agua de la bañera antes de salir a conocer gente nueva aumentará tu atractivo.

Núm. 292

Ligustrum vulgare ☠

SIG. SIMBÓLICOS

Mala suerte, prohibición

CURIOSIDADES

El único «ligustre» nativo y común de las Islas Británicas es el *Ligustrum vulgare*. • Los jardines isabelinos estaban delimitados con *Ligustrum vulgare*.

Núm. 293

Lilium ☠

SIGNIFICADOS SIMBÓLICOS

Belleza, devoción, divinidad, dulzura y humildad, enaltecido/a e inaccesible, honor, humildad, magnificencia, majestad, modestia, nacimiento, orgullo, pureza, pureza de corazón, religioso/a, supremo, unidad de corazón

POSIBLES PODERES

Alejar fantasmas, exorcismo, mantener alejados a los visitantes no deseados, protección, purificación, repeler la negatividad, romper hechizos de amor, verdad

CURIOSIDADES

Plante *Lilium* en el jardín para ahuyentar a los fantasmas. • Plante *Lilium* en el jardín para repeler el mal. • Use *Lilium* o llévelo encima para romper un hechizo de amor que le haya lanzado una persona concreta. • Entierre un trozo de cuero viejo en un lecho de *Lilium* para que aparezcan pistas de un crimen cometido el año anterior.

Núm. 294

Lilium candidum ☠

SIGNIFICADOS SIMBÓLICOS

Pureza

CURIOSIDADES

Las imágenes medievales de la Santísima Virgen María la suelen mostrar sosteniendo *Lilium candidum*, y de ahí el nombre de «Lirio de la Virgen». • En el templo del rey Salmón había imágenes de *Lilium candidum* en las columnas y la pila.

Núm. 295

Lilium columbianum ☠

SIGNIFICADOS SIMBÓLICOS

Orgullo, prosperidad, riqueza

POSIBLES PODERES

Protección

Núm. 296

Lilium longiflorum ☠

SIGNIFICADOS SIMBÓLICOS

Pureza

POSIBLES PODERES

Empleo, juego, poder, protección, suerte

CURIOSIDADES

En el libro de jardinería más antiguo de Japón, que data de 1681, figuraba la *Lilium longiflorum*. • La leyenda cuenta que creció *Lilium longiflorum* allí donde cayeron las lágrimas de arrepentimiento de Eva al abandonar el Jardín del Edén. • La antigua cultura minoica desapareció hace 3500 años y en sus cerámicas aparecía con frecuencia *Lilium longiflorum*. Más antigua que la propia cultura minoica es la palabra «shusan» («lirio» en hebreo).

Núm. 297

Lilium regale ☠

SIGNIFICADOS SIMBÓLICOS

Belleza regia

CURIOSIDADES

El aroma de *Lilium regale* es más intenso al atardecer.

Núm. 298

Lilium superbum ☠

SIGNIFICADOS SIMBÓLICOS

Caballerosidad, caballero, misantropía, orgullo, riqueza

POSIBLES PODERES

Protección

Núm. 299

Limonium

SIGNIFICADOS SIMBÓLICOS

Alegre, belleza duradera, éxito, recuerdo, simpatía, te echo de menos

CURIOSIDADES

Los tallos anchos de *Limonium*, de color púrpura oscuro a tonos más claros de lavanda, lo convierten en un elemento de relleno muy apreciado para arreglos florales frescos o secos.

Núm. 300

Limonium caspia

SIGNIFICADOS SIMBÓLICOS

Gozo

CURIOSIDADES

Los tallos de *Limonium caspia* son un relleno muy utilizado por los floristas por su aspecto más claro y sus diminutas flores blancas en la parte superior de los tallos, que dan un aspecto «brumoso» al ramo.

Núm. 301

Linum usitatissimum

SIGNIFICADOS SIMBÓLICOS

Amabilidad, belleza, benefactor, cura para el desamor, destino, dinero, genio, industria nacional, percibo tu bondad, percibo tus beneficios

Linum usitatissimum seco: Utilidad

POSIBLES PODERES

Belleza, curación, dinero, poderes psíquicos, protección, purificación, salud, suerte

CURIOSIDADES

La *Linum usitatissimum* es una de las plantas de fibra más antiguas de la historia, cultivada y procesada desde los tiempos del antiguo Egipto. Sin embargo, también se han encontrado fibras de lino prehistóricas teñidas en una cueva de Georgia de al menos 30 000 años de antigüedad. • La fibra de *Linum usitatissimum* se ha utilizado para crear telas en el norte de Europa desde tiempos tan remotos como el Neolítico. • Llevar *Linum usitatissimum* en el bolsillo con unas monedas atraerá el dinero. • Lleve encima una flor de *Linum usitatissimum* para protegerse de la brujería. • Mezcle semillas de *Linum usitatissimum* con pimienta roja y póngalas en una caja para protegerlas. • Coloque semillas de *Linum usitatissimum* en un talismán y llévelo para protegerse de la magia maligna. • Para ahuyentar la pobreza, coloque semillas de *Linum usitatissimum* en un zapato, un bolsillo, una cartera o un monedero. • Coloque *Linum usitatissimum* en un altar doméstico junto a monedas brillantes para ahuyentar la pobreza.

Núm. 302

Liriodendron

SIGNIFICADOS SIMBÓLICOS

Fama, felicidad rural

CURIOSIDADES

Las flores de *Liriodendron* son muy grandes y tienen forma de tulipán. • El *Liriodendron* es uno de los árboles más altos del este de Norteamérica; el ejemplar de mayor altura registrado alcanzaba aproximadamente 61 metros.

Núm. 303

Lithops

SIGNIFICADOS SIMBÓLICOS

Esconderse a plena vista, resiliencia, supervivencia

CURIOSIDADES

Originaria de los desiertos africanos y curiosamente extraña, la planta *Lithops* tiene una forma, tamaño y colores que recuerdan a las piedras. • Con la mayor parte del tallo enterrado bajo el suelo, el par de hojas bulbosas de *Lithops* parece que están fusionadas, y que entre ellas solo haya un minúsculo espacio para que entre la luz. • La *Lithops* rara vez tienen más de un par de hojas, y estas mueren para permitir que salga un nuevo par desde el centro. • Puesto que se camufla bien por naturaleza, aún se están descubriendo nuevas especies de *Lithops*.

Núm. 304

Lobelia ☠

SIGNIFICADOS SIMBÓLICOS

Mala voluntad, malevolencia

POSIBLES PODERES

Amor, curación, detención de tormentas

CURIOSIDADES

Se cree que se puede detener una tormenta si se le arroja *Lobelia* en polvo.

Núm. 305

Lolium

SIGNIFICADOS SIMBÓLICOS

Disposición cambiante, vicio

CURIOSIDADES

La *Lolium* no debe confundirse con el *Secale cereale* (centeno) que es una planta productora de grano.

Núm. 306

Lonicera caprifolium

SIGNIFICADOS SIMBÓLICOS

Dulzura de carácter, el color de mi destino, te quiero

POSIBLES PODERES

Dinero, mejora la comprensión de las impresiones psíquicas, poderes psíquicos, protección

CURIOSIDADES

Coloque *Lonicera caprifolium* en un jarrón en casa para atraer el dinero. • Lleve flores de *Lonicera caprifolium* en la frente para aumentar los poderes psíquicos. • Tendrá buena suerte si crece una planta de *Lonicera caprifolium* cerca de su casa.

Núm. 307

Lonicera japonica

SIGNIFICADOS SIMBÓLICOS

Afecto, devoto/a, generoso/a, vínculos de amor

POSIBLES PODERES

Dinero, protección, poderes psíquicos

Núm. 308

Lonicera periclymenum

SIGNIFICADOS SIMBÓLICOS

Afecto, afecto devoto, afecto generoso, afecto generoso y devoto, amor devoto, felicidad hogareña, firmeza, inconstancia, lazos de amor, no responderé precipitadamente, permanencia, permanencia y firmeza, placer duradero

POSIBLES PODERES

Dinero, felicidad, fidelidad, generosidad, poderes psíquicos, protección, visión espiritual

Núm. 309

Lonicera xylosteum

SIGNIFICADOS SIMBÓLICOS

Afecto devoto, felicidad hogareña, inconstancia, lazos de amor, permanencia y firmeza, placer duradero

POSIBLES PODERES

Dinero, protección, poderes psíquicos

Núm. 310

Lotus corniculatus

SIGNIFICADOS SIMBÓLICOS

Rectificación, represalia, venganza

Núm. 311

Lotus maritimus

SIGNIFICADOS SIMBÓLICOS

Protección

POSIBLES PODERES

Protección

Núm. 312

Lunaria

SIGNIFICADOS SIMBÓLICOS

Amor secreto, fascinación, honestidad, me pregunto si me han olvidado, olvido, repeler monstruos, sinceridad

POSIBLES PODERES

Dinero, protección

CURIOSIDADES

Una forma de atraer el dinero es colocar una semilla de *Lunaria* en el hueco de un candelabro, colocarle encima una vela verde y quemar la vela hasta que llegue al hueco. • Otra forma de atraer el dinero es llevar una semilla de *Lunaria* en el bolso o en un bolsillo.

Núm. 313

Lupinus ☠

SIGNIFICADOS SIMBÓLICOS

Abatimiento, imaginación, voracidad

CURIOSIDADES

Algunos creen que al contemplar un *Lupinus* silvestre se abre un portal al mundo de las hadas.

Núm. 314

Lupinus texensis ☠

SIGNIFICADOS SIMBÓLICOS

Abnegación, perdón, supervivencia

CURIOSIDADES

La proliferación de *Lupinus texensis* por todo Texas (EE. UU.) fue impulsada por Ladybird Johnson, una primera dama apasionada por las flores silvestres. Su amor y aprecio por todas las plantas con flores promovieron la práctica actual de cultivar diversas especies en las medianas de las autopistas y a lo largo de los bordes de las carreteras, en virtud de la Ley de Embellecimiento de las Autopistas de Estados Unidos, cariñosamente conocida como la «Ley de Ladybird».

Núm. 315

Lychnis chalcedonica

SIGNIFICADOS SIMBÓLICOS

Entusiasmo religioso, ojos radiantes de felicidad

CURIOSIDADES

Cuando en un jardín se necesita un toque de bonitas flores de color rojo vivo, la *Lychnis chalcedonica* es una buena elección.

Núm. 316

Lychnis flos-cuculi

SIGNIFICADOS SIMBÓLICOS

Ingenio

CURIOSIDADES

La *Lychnis flos-cuculi* es una planta silvestre que se ha dedicado a San Bernabé.

Núm. 317

Lycoris radiata ☠

SIGNIFICADOS SIMBÓLICOS

Abandono, destino esperanzador pero trágico de los amantes, flor del más allá, memoria perdida, no volver a encontrarse

POSIBLES PODERES

Guiar a los muertos hacia su próxima reencarnación

Núm. 318

Lysimachia nummularia

SIGNIFICADOS SIMBÓLICOS

Como una moneda, languidecer, liberar de la lucha, pacificar

POSIBLES PODERES

Dinero, paz, tranquilidad

Núm. 319

Lythrum

SIGNIFICADOS SIMBÓLICOS

Pretensión

POSIBLES PODERES

Paz, protección

CURIOSIDADES

Regale *Lythrum* a una amistad para zanjar cualquier discusión que haya tenido. • *Lythrum* esparcido por toda la casa proporcionará vibraciones de paz y bloqueará el mal.

Núm. 320

Lythrum salicaria

SIGNIFICADOS SIMBÓLICOS

Pretensión

POSIBLES PODERES

Amistad, armonía, paz, protección

CURIOSIDADES

Para fomentar la armonía, ponga *Lythrum salicaria* en cada esquina de una habitación.

M

Núm. 321

Macadamia tetraphylla ☠

SIGNIFICADOS SIMBÓLICOS

Ingenuidad

POSIBLES PODERES

Afrodisíaco, fertilidad

CURIOSIDADES

La nuez de *Macadamia tetraphylla* tiene una cáscara tan extremadamente dura que hay que abrirla con un objeto contundente, como un martillo. El guacamayo jacinto es uno de los pocos animales capaces de abrir la nuez solo con la ayuda de su poderoso pico.

Núm. 322

Magnolia acuminata

SIGNIFICADOS SIMBÓLICOS

Determinación, dignidad

POSIBLES PODERES

Perseverancia

CURIOSIDADES

Esta es la especie de Magnolia más resistente al frío y una de las más grandes.

Núm. 323

Magnolia grandiflora

SIGNIFICADOS SIMBÓLICOS

Amor a la naturaleza, belleza, determinación, dignidad, dulzura, magnificencia, nobleza, perseverancia, sin igual y orgulloso/a, te encanta la naturaleza

POSIBLES PODERES

Fidelidad

CURIOSIDADES

La *Magnolia grandiflora* es la magnolia «sureña» originaria del sureste de Estados Unidos. • La *Magnolia splendens* se considera una de las plantas con flores más antiguas del mundo, ya que hay fósiles que demuestran su existencia en la época de los dinosaurios. • Ponga *Magnolia splendens* debajo de la cama para garantizar la fidelidad.

Núm. 324

Magnolia virginiana

SIGNIFICADOS SIMBÓLICOS

Amor a la naturaleza, perseverancia

CURIOSIDADES

La *Magnolia virginiana* fue la primera magnolia que se cultivó en Inglaterra a finales del siglo XVII.

Núm. 325

Magnolia x soulangeana

SIGNIFICADOS SIMBÓLICOS

Amor a la naturaleza, natural

CURIOSIDADES

Hay quien cree que con una varita mágica hecha con madera de *Magnolia x soulangeana* el mago estará más cerca de trabajar con la magia esencial y los espíritus de la Tierra ancestral. • Ponga *Magnolia x soulangeana* debajo de la cama para garantizar la fidelidad.

Núm. 326

Mahonia aquifolium

SIGNIFICADOS SIMBÓLICOS

Belleza de temperamento afilado

POSIBLES PODERES

Dinero, prosperidad

CURIOSIDADES

Lleve consigo un trozo de *Mahonia aquifolium* para atraer el dinero y garantizar su seguridad financiera. • Lleve consigo un trozo de raíz de *Mahonia aquifolium* para ganar popularidad.

Núm. 327

Malus domestica ☠

SIGNIFICADOS SIMBÓLICOS

Acuerdo pacífico perpetuo, amor, arte, arte y poesía, concordia perpetua, poesía, tentación, transformación

Flor de Malus domestica:
Afrodisíaco, amor embriagador, amoroso/a, buena fortuna, buena reputación, fertilidad, paz, preferencia, sensualidad, te prefiere, vendrán cosas mejores

Fruto de Malus domestica:
Amor persistente, autocontrol, maternidad, presencia del amor, pureza, templanza, tentación, virtud

POSIBLES PODERES

Amor, bendición del jardín, curación, inmortalidad, magia del jardín, transformación

CURIOSIDADES

El *Malus domestica* aparece en los escritos de muchas religiones, la mayoría de las veces como árbol de la fruta prohibida. • Una de las preocupaciones sobre el *Malus domestica* en la religión, las leyendas populares y la mitología es que la palabra «manzana» era en realidad un término genérico utilizado para describir frutas e incluso frutos secos hasta, al menos, el siglo XVII. Por tanto, no es posible saber si una «manzana» concreta era, de hecho, el fruto de un *Malus domestica* o algo totalmente distinto. • Un método sencillo de adivinación utilizando la fruta del *Malus domestica* consiste en cortarla por la mitad, examinarla y contar las semillas que se ven. Si es un número impar, la persona que hace la consulta seguirá sin casarse en un futuro próximo. Si el total es un número par, pronto habrá matrimonio. Si una de las semillas se ha cortado, la relación será volátil; si se han cortado dos semillas, se presagia viudez. • Para una curación, durante la luna menguante hágase con una fruta de *Malus domestica*, córtela en tres trozos y frote cada uno de ellos en el lugar donde haya enfermedad. Después, entierre los trozos. • Antes de comer la fruta del *Malus domestica* frótela para eliminar cualquier espíritu maligno que pudiera esconderse en ella.

Núm. 328

Malus floribunda ☠

SIG. SIMBÓLICOS

Mal carácter, mal genio

CURIOSIDADES

En primavera, antes de que el *Malus floribunda* eche hojas, se cubre de un enorme manto rosado de flores.

Núm. 329

Malva moschata

SIGNIFICADOS SIMBÓLICOS

Inmadurez, inmadurez

CURIOSIDADES

La *Malva moschata* florecerá durante todo el verano.

Núm. 330

Malva sylvestris

SIG. SIMBÓLICOS

Consumido por el amor, persuasión

POSIBLES PODERES

Amor, exorcismo, protección

CURIOSIDADES

Desde la época medieval, las flores de *Malva sylvestris* se han tejido en guirnaldas y coronas para las celebraciones del Primero de Mayo.

Núm. 331

Malvaceae

SIGNIFICADOS SIMBÓLICOS

Belleza delicada, bueno y amable, consumido/a por el amor, crueldad entre amantes, dulzura

POSIBLES PODERES

Exorcismo, amor, protección

Núm. 332

Mandevilla

SIG. SIMBÓLICOS

Desconsideración, demasiado atrevido/a

CURIOSIDADES

La enredadera *Mandevilla* necesita sombra; cultívela con luz solar indirecta o filtrada.

Núm. 333

Mandragora ☠

SIGNIFICADOS SIMBÓLICOS

Algo fuera de lo común, escasez, gritos, horror, maldad que sustituye al amor, rareza

POSIBLES PODERES

Afrodisíaco, amor, aprendizaje, autoconservación, brujería, brujería, buen juicio, concepción mediante hechizo, dinero, exorcismo, fe, fertilidad, hechicería, iluminación, iniciación, lujuria, magia negra, muerte, muerte súbita, poder mágico, potencia, precaución, promover la concepción, promover la esterilidad, promover la pasión, protección, prudencia, sabiduría, salud

CURIOSIDADES

Dado que la raíz de la *Mandragora* se parece a una figura humana, en otros tiempos se temía que encarnara un demonio. Se decía que al arrancar la planta de *Mandragora* de la tierra se oía un chillido terrible, y quien lo oía moría. • Las brujas utilizaban a menudo la *Mandragora* en los conjuros. • Existen múltiples supersticiones en torno a la posesión de una raíz de *Mandragora*: tener una era una suerte, pero había que venderla antes de morir y a un precio inferior al que se había pagado por ella. Además, la persona que conseguía una gratuitamente nunca sería libre, ya que estaría en manos del demonio.

Núm. 334

Marantaceae

SIG. SIMBÓLICOS

Plegaria

POSIBLES PODERES

Petición

Núm. 335

Matthiola

SIGNIFICADOS SIMBÓLICOS

Belleza duradera, lazos de afecto, prontitud, siempre serás hermoso/a para mí

CURIOSIDADES

La *Matthiola* es una flor muy perfumada que crece en estado silvestre. Pero también se cultiva en jardines por su aroma y color.

Núm. 336

Matthiola incana

SIGNIFICADOS SIMBÓLICOS

Belleza duradera, lazos de afecto, prontitud, siempre serás hermoso/a para mí

CURIOSIDADES

Desprende más fragancia por la noche.

Núm. 337

Medicago sativa

SIG. SIMBÓLICOS

Existencia, vida

POSIBLES PODERES

Abundancia, atrae el dinero, dinero, lucha contra el hambre, prosperidad, protege contra las desgracias financieras

CURIOSIDADES

Cuando se esparcen cenizas de *Medicago sativa* alrededor de una casa, los que residen en ella quedan protegidos de la pobreza y el hambre. • Coloque un pequeño tarro lleno de *Medicago sativa* en la despensa para que esta nunca esté vacía.

Núm. 338

Melampodium

SIGNIFICADOS SIMBÓLICOS

Patinegro, vidente

POSIBLES PODERES

Adivinación, oráculo, predicción

CURIOSIDADES

Aunque no es la misma planta, *Melampodium* se usaba en la antigüedad para referirse a menudo a la *Helleborus*, una planta con propiedades altamente venenosas. Esta confusión de nombres se debe a una leyenda de la mitología griega, según la cual Melampo de Pilos utilizó supuestamente *Helleborus* venenosa para provocar una purga violenta en las hijas del rey de Argos, quienes habían sido inducidas a una locura desenfrenada por Dioniso, corriendo desnudas y gritando por las calles.

Núm. 339

Melissa officinalis

SIG. SIMBÓLICOS

Broma, cura, placer, regeneración, relación social, se cumplirán los deseos, simpatía, trae amor

POSIBLES PODERES

Curación, amor, éxito

CURIOSIDADES

Los londinenses isabelinos solían llevar ramilletes de *Melissa officinalis* para olerlos a lo largo del día y enmascarar el hedor de la suciedad insalubre de las calles. • Lleve consigo *Melissa officinalis* para hallar el amor. • Si frota con ella una colmena nueva, mantendrá a las abejas viejas y atraerá a otras nuevas. • Llévela encima para favorecer la curación.

Núm. 340

Mentha

SIGNIFICADOS SIMBÓLICOS

Amor, frescura, sospecha, virtud, virtud y sabiduría, calidez, sabiduría, sensación de calidez

POSIBLES PODERES

Conocimiento, construcción, curación, dinero, exorcismo, historia, limitaciones, lujuria, muerte, obstáculos, protección, protección contra la enfermedad, tiempo, viaje, vinculación

Núm. 341

Mentha piperita

SIGNIFICADOS SIMBÓLICOS

Afabilidad, amor, cordialidad, sensación de calidez

POSIBLES PODERES

Amor, curación, poderes psíquicos, purificación, sueño

CURIOSIDADES

Esnife hojas frescas de *Mentha piperita* para conciliar el sueño. • Ponga *Mentha piperita* debajo de la almohada para tener sueños proféticos. • Frote con ella las paredes y muebles de la casa para eliminar energías negativas. • Guarde una hoja de *Mentha piperita* en el bolso o en la cartera para atraer el dinero

Núm. 342

Mentha pulegium ☠

SIGNIFICADOS SIMBÓLICOS

Aléjate, huye

POSIBLES PODERES

Consagración, destierro, exorcismo, fuerza, paz, protección

CURIOSIDADES

Se cree que poner una hoja de *Mentha pulegium* en el zapato alivia el cansancio del viajero. • Lleve consigo una ramita de *Mentha pulegium* para protegerse del mal de ojo. • Lleve consigo una ramita de *Mentha pulegium* para que le ayude en los negocios.

Núm. 343

Mentha spicata

SIGNIFICADOS SIMBÓLICOS

Amor ardiente, calidez de sentimientos, sentimientos cálidos

POSIBLES PODERES

Afrodisíaco, amor, claridad mental, curación, mejora la sexualidad, pasión, poderes mentales, virtud humilde, virtud

CURIOSIDADES

En la antigua Roma y Grecia, se creía que la *Mentha spicata* aumentaba el deseo de hacer el amor. • En la antigua Roma y Grecia, se frotaba *Mentha spicata* en las mesas de los banquetes como símbolo de hospitalidad. • Se supone que oler *Mentha spicata* agudiza las facultades mentales. • En la antigua Roma, se animaba a los eruditos a llevar coronas de *Mentha spicata* para estimular el pensamiento.

Núm. 344

Menyanthes trifoliata ☠

SIGNIFICADOS SIMBÓLICOS

Calma, descanso, reposo, tranquilidad

CURIOSIDADES

La *Menyanthes trifoliata*, de raíces gruesas, crece abundantemente en las ciénagas, con lo que favorece la formación de grandes lodazales.

Núm. 345

Mesembryanthemum ☠

SIGNIFICADOS SIMBÓLICOS

Frialdad de corazón, frigidez, ociosidad, propuestas rechazadas, tus miradas me paralizan

CURIOSIDADES

El nombre «planta de hielo» viene del destello que causa la luz del sol en las células globulares de algunas plantas *Mesembryanthemum*.

Núm. 346

Mimosa pudica

SIGNIFICADOS SIMBÓLICOS

Amor tímido, desaliento, humildad, modestia, sensibilidad, sentimientos delicados, susceptibilidad, timidez, vergüenza, vulnerabilidad

POSIBLES PODERES

Agitación

Núm. 347

Mirabilis jalapa

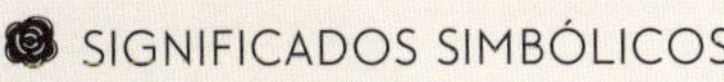

SIGNIFICADOS SIMBÓLICOS

Llama del amor, timidez

CURIOSIDADES

Las flores de *Mirabilis jalapa* suelen abrirse hacia las cuatro o al anochecer, de ahí el nombre de «Flor de las cuatro en punto». • Desprenden un olor dulce durante toda la noche después de florecer al atardecer. • Las flores de *Mirabilis jalapa* florecen una sola vez.

Núm. 348

Moluccella laevis

SIGNIFICADOS SIMBÓLICOS

Buena fortuna, buena suerte, capricho, gratitud, suerte

CURIOSIDADES

La *Moluccella laevis,* una planta anual de crecimiento rápido, tiene tallos altos (de hasta 91 cm) y muy vistosos, cubiertos por sus emblemáticas hojas redondeadas de color verde pálido, con forma de campana y concha, que parecen flores. • Los tallos se secan fácilmente.

Núm. 349

Monarda didyma

SIGNIFICADOS SIMBÓLICOS

Cambias demasiado de opinión, tienes caprichos insoportables, tienes caprichos insufribles

CURIOSIDADES

Después del Motín del té en Boston (1773), el té de *Monarda didyma* se popularizó como sustituto patriótico de los tés importados. • Se cree que el té de *Monarda didyma* puede aportar claridad a las situaciones poco claras y poner orden en las situaciones desordenadas.

Núm. 350

Monstera deliciosa

SIGNIFICADOS SIMBÓLICOS

Asfixia, larga vida, misterio, monstruo

CURIOSIDADES

El nombre común en español «costilla de Adán» compara la *Monstera deliciosa* con las costillas de Adán. • Las raíces aéreas de la *Monstera deliciosa* se utilizan para fabricar cestas en México y cuerdas en Perú.

Núm. 351

Morus alba

SIG. SIMBÓLICOS

Amabilidad, fuerza, prudencia, sabiduría

POSIBLES PODERES

Protección

CURIOSIDADES

En la antigüedad, un bosque de *Morus alba* era uno de los lugares más sagrados. • El cultivo de *Morus alba* comenzó en China hace más de cuatro mil años, con la intención de utilizar las hojas como alimento preferente para la cría de gusanos de seda.

Núm. 352

Morus nigra

SIG. SIMBÓLICOS

Devoción, no viviré más que tú, sabiduría

POSIBLES PODERES

Protección, fuerza

CURIOSIDADES

Se supone que *Morus nigra* protegerá tu propiedad de los rayos. • Puesto que la madera de *Morus nigra* posee un gran poder de protección contra el mal, resulta una madera excelente para fabricar una varita mágica.

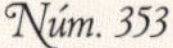

Núm. 353

Musa

SIG. SIMBÓLICOS

Bondad

POSIBLES PODERES

Dinero, fertilidad, potencia, prosperidad

CURIOSIDADES

Casarse bajo un árbol de *Musa* trae suerte. • Hasta 1819, en Hawái, ciertos tipos de *Musa* estaban prohibidos a las mujeres y la pena por infringir esta norma era la muerte. • Las hojas, flores y frutos de *Musa* se utilizan en hechizos relacionados con el dinero y la prosperidad, porque la *Musa* es una planta muy fructífera.

Núm. 354

Muscari

SIGNIFICADOS SIMBÓLICOS

Busco romance, fomenta el romance

POSIBLES PODERES

Romance

CURIOSIDADES

Un pequeño ramillete de *Muscari* recogido por ti y entregado a alguien que te gusta puede ser muy útil para iniciar un nuevo romance.

Núm. 355

Myosotis

SIGNIFICADOS SIMBÓLICOS

Aferrarse al pasado, amor fiel, amor verdadero, humildad, lealtad, memorias, no me olvides, no te olvides de mí, recordar, recuerdos, vínculos con el pasado

POSIBLES PODERES

Curación, secretismo

CURIOSIDADES

Myosotis es un símbolo del deseo humano de lealtad. • *Myosotis* es también un símbolo que denota secretos compartidos.

Núm. 356

Myrica

SIG. SIMBÓLICOS

Disciplina, instrucción

POSIBLES PODERES

Amor, jovialidad

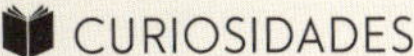

CURIOSIDADES

Lleve un trocito de madera de *Myrica* o póngalo en un amuleto que lleve consigo para fomentar un aspecto y un comportamiento más joviales. • Póngase un gorro hecho con hojas de *Myrica* al preparar un amuleto de amor. • Ponga una hoja de *Myrica* en un amuleto para atraer el amor.

Núm. 357

Myrrhis odorata

SIGNIFICADOS SIMBÓLICOS

Gozo

POSIBLES PODERES

Abundancia, amistad, avance, conocimiento, construcción, crecimiento, curación, energía, espiritualidad, éxito, exorcismo, historia, júbilo, liderazgo, limitaciones, luz, muerte, obstáculos, poder natural, protección, purificación, tiempo, vida, vinculación, voluntad consciente

Núm. 358

Myrtus communis ☠

SIGNIFICADOS SIMBÓLICOS

Alegría, amor, amor sagrado, amor sincero, aroma del jardín del edén, bodas, buenas acciones, dinero, inmortalidad, júbilo, juventud, matrimonio, paz, recuerdo del jardín del edén, recuerdo del jardín del edén, símbolo del jardín del edén, valor modesto

POSIBLES PODERES

Amor, armonía, asistencia, dinero, estabilidad, fertilidad, fuerza, ganancia material, independencia, juventud, paz, persistencia, recuerdos, tenacidad

CURIOSIDADES

Myrtus communis se considera una planta sagrada y simboliza y representa el olor del jardín del Edén. • En el ramo de novia de la reina Victoria se incluyó una ramita de *Myrtus communis*, y desde entonces se han incluido ramitas de esa misma planta en los ramos de novia de la realeza. • Lleve encima madera de *Myrtus communis* para preservar la juventud. • Lleve encima *Myrtus communis* para preservar el amor. • Plante *Myrtus communis* a cada uno de los lados de una casa para fomentar la paz y el amor dentro del hogar. • Si una mujer planta *Myrtus communis* en una jardinera de ventana, tendrá suerte.

N

Núm. 359

Narcissus ☠

SIGNIFICADOS SIMBÓLICOS

Amor: no correspondido, propio, propio excesivo, que no se corresponde, singular; caballerosidad, anunciación, aprecio de la honestidad, autoconcepto, autoestima, belleza, belleza interior, brillo del sol, caballerosidad, claridad de pensamiento, egoísmo, el Sol brilla cuando estoy contigo, energía que proviene de estar enamorado, esperanza, esperanzas engañosas, fe, formalidad, grandes respetos, honestidad, incertidumbre, luz del Sol, no hay nadie más que tú, nuevos comienzos, perdón, placeres sencillos, promesa de vida eterna, rectitud, renacimiento, renovación, reserva, respeto, resurrección, satisfacción, sigue siendo tan dulce como eres, vanidad, vanidad y egoísmo, vanidad y muerte, verdad

POSIBLES PODERES

Afrodisíaco, amor, fertilidad, suerte

CURIOSIDADES

El *Narcissus* es la flor del Inframundo. • Los animales no comen la flor de *Narcissus* porque su savia contiene cristales afilados. • Lleve una flor de *Narcissus* sobre el corazón para tener buena suerte. • En la Europa medieval se creía que ver caer un *Narcissus* era un presagio de muerte. • Los criadores de pollos eran supersticiosos y no permitían que los *Narcissus* entraran en sus casas, porque creían que daban mala suerte e impedirían que sus gallinas pusieran huevos o que los huevos eclosionaran. • En Maine (EE. UU) existe la superstición de que si señalas un *Narcissus* con el dedo índice, no florecerá. • En China, se cree que el *Narcissus* da suerte y traerá buena suerte durante todo un año si se le obliga a florecer durante el Año Nuevo chino. • Ponga flores frescas de *Narcissus* en un jarrón en el dormitorio para augurar fertilidad.

Núm. 360

Narcissus jonquilla ☠

SIGNIFICADOS SIMBÓLICOS

Afecto devuelto, ámame, anhelos, apiádate de mi pasión, deseo, deseo que se me devuelva el afecto, deseos cumplidos, que se me corresponda, simpatía, simpatía y deseo violentos

CURIOSIDADES

La *Narcissus jonquilla* era la flor favorita de la reina Ana de Inglaterra. Le gustaba tanto que se inspiró en ella para crear los Jardines del Palacio de Kensington, que fue el primer jardín botánico público de Inglaterra.

Núm. 361

Narcissus poeticus ☠

SIGNIFICADOS SIMBÓLICOS

Amor propio, egoísmo, egotismo, recuerdo, recuerdo doloroso, recuerdos tristes

CURIOSIDADES

El *Narcissus poeticus* se cultiva en Holanda por su aceite esencial, que se utiliza en muchas fórmulas de perfumes.

Núm. 362

Nardostachys grandiflora

SIGNIFICADOS SIMBÓLICOS

Porteger, protección

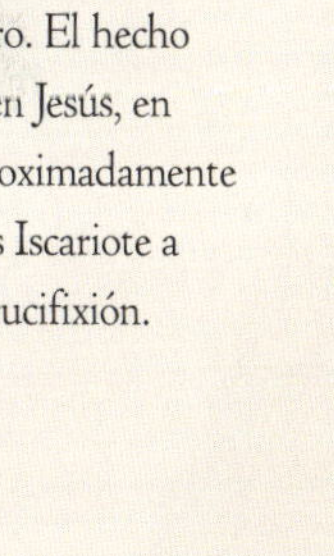

CURIOSIDADES

Se cree que la *Nardostachys grandiflora* pura es la planta que produjo el ungüento perfumado que María, la hermana de Lázaro, utilizó para ungir los pies de Jesús seis días antes de la Pascua que precedió a su crucifixión. Asimismo, dos días antes de la fatídica muerte, una mujer anónima ungió la cabeza de Jesús con el mismo tipo de perfume extraído de un frasco de alabastro. El hecho de que se utilizara este perfume excepcionalmente caro en Jesús, en lugar de venderlo por 300 denarios (que habría sido aproximadamente el sueldo equivalente a un año), fue lo que incitó a Judas Iscariote a traicionarle, lo que condujo a su detención y posterior crucifixión.

Núm. 363

Nelumbo nucifera

SIGNIFICADOS SIMBÓLICOS

Amor distanciado, belleza, castidad, distanciamiento, elocuencia, evolución, fecundidad femenina divina, iluminación en un mundo de seres ignorantes, lejos de la persona amada, mera exhibición, olvido del pasado, potencial, promesas espirituales, pureza, resurrección, verdad, virtud

POSIBLES PODERES

Apertura de cerraduras, espiritualidad, protección

CURIOSIDADES

La *Nelumbo nucifera* se considera una planta sagrada de gran significado en Egipto, India, Grecia y Japón como símbolo místico de la vida, la espiritualidad y el centro del universo. • La capacidad de supervivencia de la *Nelumbo nucifera* es increíble y, si las condiciones son ideales, las semillas viables pueden durar mucho tiempo. La germinación más antigua registrada de semillas de *Nelumbo nucifera* proviene del lecho seco de un lago en China, con una antigüedad de unos mil quinientos años. • La mayoría de las deidades asiáticas aparecen sentadas sobre una flor de *Nelumbo nucifera*. • Se cree que quien inhale la fragancia de esta flor recibirá la protección inherente a esta planta. • Lleve consigo alguna parte de esta planta para atraer buena suerte y bendiciones.

Núm. 364

Nepenthes

SIGNIFICADOS SIMBÓLICOS

Sin pena

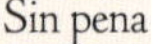

CURIOSIDADES

Con su vibrante color, su dulce néctar y, a menudo, una fragancia cautivadora, la planta *Nepenthes* atrae activamente a sus presas, invitándolas a caer en su trampa en forma de jarra • La forma que tiene de jarra la *Nepenthes* recuerda a la de un preservativo o una copa de champán. • La planta absorbe los insectos que caen en el interior de su jarra y los utiliza como fertilizante. • Los insectos que suelen quedarse atrapados más a menudo en una jarra de *Nepenthes* son las hormigas. • Las especies más grandes de *Nepenthes* tienen jarras lo bastante grandes como para atrapar una rata.

Núm. 365

Nepeta cataria

SIGNIFICADOS SIMBÓLICOS

Coraje, felicidad

POSIBLES PODERES

Amistad, amor, armonía, atracción, belleza, júbilo, las artes, magia de gato, placer, poder, regalos, sensualidad

CURIOSIDADES

Llene una bolsita de *Nepeta cataria* y désela a su gato para crear un vínculo psíquico. • Se cree que la *Nepeta cataria* atrae buenos espíritus y buena suerte. • Se dice que si sostienes una *Nepeta cataria* en la mano hasta que se caliente y luego tomas la mano de alguien, esa persona será tu amiga, pero solo mientras guarde en un lugar seguro la flor que usó en el hechizo de amistad. • Se supone que las hojas de *Nepeta cataria* son el marcapáginas preferido de los libros mágicos.

Núm. 366

Nerium oleander ☠

SIGNIFICADOS SIMBÓLICOS

Belleza, cuidado, desconfianza, gracia, peligro, precaución, soy peligroso

POSIBLES PODERES

Muerte, amor

CURIOSIDADES

En Italia se cree que introducir alguna parte de la *Nerium oleander* en el hogar seguramente traerá desgracias, infortunios de todo tipo y también enfermedades.

Núm. 367

Nicotiana rustica ☠

SIGNIFICADOS SIMBÓLICOS

Poder

POSIBLES PODERES

Curación, fuerza, ofrendas, purificación

CURIOSIDADES

La *Nicotiana rustica* ha sido considerada una planta sagrada durante siglos por diversas tribus de los pueblos indígenas de América, tanto del norte como del sur. • Los pueblos

indígenas sudamericanos creen que fumar *Nicotiana rustica* facilita la comunicación con los espíritus. • La *Nicotiana rustica* que se arroja al agua al iniciar un viaje acuático apacigua al Espíritu del Agua.

Núm. 368

Nigella damascena

SIGNIFICADOS SIMBÓLICOS

Bésame, delicadeza, me desconciertas, perplejidad, vergüenza

POSIBLES PODERES

Cambiar de forma, hechizos de amor, vincular el amor y un maleficio

Núm. 369

Nolina lindheimeriana

SIGNIFICADOS SIMBÓLICOS

Nuevos comienzos, renacimiento

POSIBLES PODERES

Empleo, juego, poder, protección, suerte

CURIOSIDADES

Llevar un trozo de *Nolina lindheimeriana* en el bolsillo al hacer apuestas, buscar empleo, tener dificultades en el trabajo o solicitar un aumento de sueldo le servirá de amuleto de la buena suerte.

Núm. 370

Nueces, avellanas y frutos secos

SIGNIFICADOS SIMBÓLICOS

Estupidez

POSIBLES PODERES

Amor, fertilidad, prosperidad, suerte

CURIOSIDADES

Lleve consigo una nuez de cualquier tipo para favorecer la fertilidad. • Todo fruto seco que crezca junto con otro hasta formar un fruto seco doble es un amuleto que da mucha suerte.

Núm. 371

Nymphaea alba

SIGNIFICADOS SIMBÓLICOS

Elocuencia, modestia, persuasión, pureza

POSIBLES PODERES

Afrodisíaco, curación, iluminación espiritual, paz, placer, pureza

CURIOSIDADES

Se cree que la *Nymphaea alba* es la flor más grande de Gran Bretaña. • Se cree que la fragancia de *Nymphaea alba* tiene poderes curativos. • La *Nymphaea alba* puede utilizarse en hechizos destinados a reducir el deseo sexual.

Núm. 372

Nymphaea lutea

SIGNIFICADOS SIMBÓLICOS

Indiferencia creciente

POSIBLES PODERES

Protección, espiritualidad

Núm. 373

Nymphaeaceae

SIGNIFICADOS SIMBÓLICOS

Armonía calmante, elocuencia, modestia, muerte, nacimiento, pureza, pureza de corazón, renacimiento, Sol, vida

CURIOSIDADES

Un antiguo mito egipcio cuenta que el dios del Sol nació de una flor de *Nymphaeaceae* para iluminar la oscuridad del mundo.

Núm. 374

Ocimum basilicum

SIGNIFICADOS SIMBÓLICOS

Buena suerte, buenos deseos, dame tus buenos deseos, los mejores deseos, desprecio, desprecio al otro, rey, riqueza, romance, sagrado

POSIBLES PODERES

Accidentes, agresión, amor, conflicto, deseos carnales, exorcismo, fuerza, guerra, ira, lucha, lujuria, maquinaria, música rock, prosperidad, protección, riqueza, volar, vuelo de bruja

CURIOSIDADES

Lleve una hoja de *Ocimum basilicum* en el bolsillo para atraer el dinero. • Si se coloca una hoja de *Ocimum basilicum* sobre un difunto hindú, se le asegura que llegará al Paraíso. • Los antiguos griegos consideraban que el *Ocimum basilicum* era un fuerte símbolo del odio, la desgracia y la pobreza. • En las Antillas, se coloca *Ocimum basilicum* alrededor de las tiendas para atraer a los clientes. En otras partes del mundo, se coloca una hoja de *Ocimum basilicum* en las cajas registradoras y en las puertas de entrada a las tiendas, no solo para atraer a los clientes, sino también para garantizar la continuidad del éxito del negocio. • En Italia, el *Ocimum basilicum* es un símbolo de amor y se utiliza mucho como muestra de amor. • Dar una ramita de *Ocimum basilicum* a un hombre significa: «Ten cuidado, porque alguien conspira contra ti». • Según la leyenda judía, sostener una ramita de *Ocimum basilicum* durante el ayuno te ayudará a mantener la fuerza y la determinación para seguir adelante. • En España, un tiesto de *Ocimum basilicum* en el alféizar de una ventana era considerado un símbolo de mala reputación para la casa. • Se dice que la fragancia del *Ocimum basilicum* suscita simpatía entre dos personas que se muestran antipáticas entre sí. • Regalar *Ocimum basilicum* a alguien que se muda a un nuevo hogar trae buena suerte. • Una pareja casada puede compartir una misma hoja de *Ocimum basilicum* y frotársela sobre el corazón para invocar la fidelidad y bendecir su relación. • En la India, la planta *Ocimum basilicum* se considera una planta sagrada. • Si busca trabajo, espolvoree *Ocimum basilicum* en la fachada del edificio al que vaya a entrar para hacer la entrevista. • Lleve consigo *Ocimum basilicum* para sentirse protegido y seguro de seguir avanzando positivamente, incluso frente a posibles amenazas.

Núm. 375

Oemleria cerasiformis

SIGNIFICADOS SIMBÓLICOS

Privación, sufrimiento

CURIOSIDADES

En el noroeste del Pacífico, la *Oemleria cerasiformis* es una planta resistente y una de las primeras en brotar y florecer para señalar que la primavera está muy cerca.

Núm. 376

Oenothera

SIGNIFICADOS SIMBÓLICOS

Amor feliz, amor silencioso, inconstancia

CURIOSIDADES

Los pueblos indígenas utilizaban *Oenothera* para enmascarar su olor humano cuando salían a cazar.

Núm. 377

Oenothera flava

SIGNIFICADOS SIMBÓLICOS

Amor eterno, dulces recuerdos, juventud, memoria

POSIBLES PODERES

Caza

CURIOSIDADES

Oenothera flav sería un regalo ideal para una pareja muy especial.

Núm. 378

Olea europaea

SIG. SIMBÓLICOS

Paz

POSIBLES PODERES

Curación, fertilidad, lujuria, paz, potencia, protección

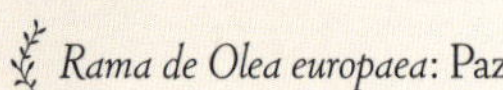

Rama de Olea europaea: Paz

Hoja de Olea europaea: Paz

CURIOSIDADES

Esparza hojas de *Olea europaea* en una habitación para crear un ambiente de paz. • En la antigüedad, el aceite de *Olea europaea* se utilizaba como combustible para las lámparas. • El aceite de *Olea europaea* se utiliza para curar y bendecir ungiendo a quien lo recibe. • Las novias de la antigua Grecia solían llevar coronas de *Olea europaea* para expresar su deseo de fertilidad. • Cuelgue una rama de *Olea europaea* sobre la puerta de entrada para ahuyentar el mal y evitar que entre en casa. • Lleve encima una hoja de *Olea europaea* como amuleto de buena suerte.

Núm. 379

Onobrychis

SIGNIFICADOS SIMBÓLICOS

Agitación, come vorazmente, confía en dios, echar margaritas a los cerdos

CURIOSIDADES

Se cultiva para incorporarlo a la dieta de los animales de pasto sanos.

Núm. 380

Ononis

SIGNIFICADOS SIMBÓLICOS

Obstáculos

POSIBLES PODERES

Prevención de hechizos, protección contra los ladrones, protección contra todos los peligros

CURIOSIDADES

Ponga una planta seca de *Ononis* en el umbral de las puertas de casa para proteger a la familia de todo tipo de peligros, incluidos accidentes, peleas, hechizos y robos.

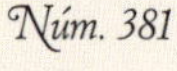

Núm. 381

Ononis spinosa

SIGNIFICADOS SIMBÓLICOS

Obstáculos, detección de imperfecciones

Núm. 382

Onopordum acanthium

SIGNIFICADOS SIMBÓLICOS

Alerta, liberación de cristo, represalia, sufrimiento, trabajo duro

POSIBLES PODERES

Armonía, asistencia, disipa la melancolía, estabilidad, fertilidad, fuerza, ganancia material, independencia, persistencia, protección, revelación, tenacidad

Núm. 383

Ophrys apifera

SIGNIFICADOS SIMBÓLICOS

Industria

CURIOSIDADES

Para asegurar una polinización cruzada adecuada, la naturaleza ha diseñado el labio de la flor de *Ophrys apifera* de manera que se asemeje engañosamente a una abeja hembra para que el macho, confundido, se acerque con un interés intenso pero equivocado, como si fuera una posible pareja para aparearse. Esto hace que el macho transporte polen a otra flor, mientras la naturaleza lo atrae de nuevo. Posteriormente, lo envía de vuelta, decepcionado, pero cargado de polen.

Núm. 384

Ophrys bombyliflora

SIGNIFICADOS SIMBÓLICOS

Industria, persistencia, trabajo duro

CURIOSIDADES

En la planta *Ophrys bombyliflora* encontramos otro ejemplo del ingenio de la naturaleza para favorecer la polinización cruzada de las orquídeas recurriendo al instinto de apareamiento del abejorro.

Núm. 385

Opuntia

SIGNIFICADOS SIMBÓLICOS

Ardo, no lo olvidé, sátira

CURIOSIDADES

La *Opuntia* es originaria de América, aunque los españoles introdujeron ejemplares en España y desde donde se extendió por todo el Mediterráneo y el norte de África. • Los aztecas cultivaban *Opuntia* con el fin de recolectar la cochinilla de la que estaba infestada, y con ella producían un tinte rojo que llegó a valer más que el oro, y que acabó convirtiéndose en el mismo tinte escarlata que se utilizaba para teñir la tela de los uniformes «redcoat» de los soldados británicos.

Núm. 386

Orchidaceae

SIGNIFICADOS SIMBÓLICOS

Afecto puro, amor, bella, belleza, belleza refinada, comprensión, consideración, encanto maduro, fertilidad, hermosa dama, magnificencia, recuerdo reflexivo, reflexión, sabiduría, símbolo chino que representa muchos hijos, sofisticación, una belleza

SIGNIFICADO ESPECÍFICO POR COLOR: Rosa: afecto puro

POSIBLES PODERES

Amor, poderes psíquicos, romance

Núm. 387

Orchis mascula ☠

SIGNIFICADOS SIMBÓLICOS

Acercar el amor, reproducción, sexo

POSIBLES PODERES

Dinero, empleo, protección, suerte, viajes

CURIOSIDADES

Se cree que las brujas utilizaban raíces de *Orchis mascula* para elaborar pociones de amor. • Se cree que para atraer el amor hay que llevar dos raíces de *Orchis mascula* cosidas en una bolsita. • Dos raíces de *Orchis mascula* son un regalo ideal para una pareja de recién casados, ya que se cree que aseguran su felicidad futura.

P

Núm. 388

Paeonia officinalis

SIGNIFICADOS SIMBÓLICOS

Afrodisíaco, belleza, compasión, curación, desconfianza, deseos no realizados, honor, lealtad, masculinidad, matrimonio feliz, ostentación, presagio de buena fortuna y matrimonio feliz, prosperidad, rabia, riqueza y honor, riqueza, romance, timidez, valentía, vergüenza, vida, vida homosexual

POSIBLES PODERES

Curación, exorcismo, prosperidad, protección, purificación, vida feliz

CURIOSIDADES

El registro más antiguo de *Paeonia officinalis* se encontró en una tumba china del siglo I. • Use esta flor para proteger el cuerpo, la mente, el espíritu y el alma. • Tener una flor de *Paeonia officinalis* en casa ahuyentará a los malos espíritus. • Cultive *Paeonia officinalis* en el jardín para proteger la casa de las tormentas y el mal. • Póngase un collar hecho con raíz de *Paeonia officinalis* y cuentas de coral para ahuyentar a un íncubo. • Lleve consigo *Paeonia officinalis* como remedio contra la locura.

Núm. 389

Paeonia suffruticosa

SIGNIFICADOS SIMBÓLICOS

Afecto, amor, aristocracia, belleza, belleza femenina, honor, la más bella, riqueza

CURIOSIDADES

A pesar de que un cambio en el clima político de China sustituyó el ciruelo como flor nacional, la *Paeonia suffruticosa* sigue ocupando un lugar de honroso significado cultural, y se la conoce como el Rey de las Flores. • En su larga historia como país, la flor de *Paeonia suffruticosa* ha sido representada en el arte y la literatura chinos más que ninguna otra flor.

Núm. 390

Panax ☠

SIG. SIMBÓLICOS

Inmortalidad, fuerza

POSIBLES PODERES

Amor, belleza, curación, deseos, longevidad, lujuria, potencia sexual, protección

CURIOSIDADES

Las personas que lleven consigo *Panax* obtendrán belleza, amor, dinero, sexualidad y salud. • Una forma interesante de pedir un deseo es tallar su deseo en una raíz de *Panax* y luego arrojarla en agua en movimiento.

Núm. 391

Papaver orientale ☠

SIGNIFICADOS SIMBÓLICOS

Ensoñación, extravagancia fantástica, imaginación, olvido, sueño eterno

POSIBLES PODERES

Amor, dinero, fertilidad, fructificación, invisibilidad, magia, sueño, suerte

CURIOSIDADES

Hubo un tiempo en que las vainas de *Papaver orientale* se doraban y se llevaban puestas para atraer la riqueza. • Un método de adivinación interesante para responder a una pregunta desconcertante consiste en escribirla en un papel con tinta azul, doblarlo y meterlo dentro de una vaina de *Papaver orientale*. Coloque la vaina bajo la almohada antes de dormir para facilitar un sueño que responda a la pregunta.

Núm. 392

Papaver rhoeas

SIGNIFICADOS SIMBÓLICOS

Amor, bien y mal, consuelo, descanso eterno, diversión, elusión de problemas, encantos efímeros, imaginación, luz y oscuridad, olvido, placer, recuerdo, sueño eterno, vida y muerte

POSIBLES PODERES

Actitud, ambición, amor, armonía, conceptos espirituales, dinero, entendimiento superior, fertilidad, fructificación, invisibilidad, lógica, magia, manifestación en forma material, pensamiento claro, procesos del pensamiento, sueño, suerte

CURIOSIDADES

Los romanos creían que con *Papaver rhoeas* se podían curar las heridas infligidas por el amor. • En tumbas egipcias de 3000 años de antigüedad se encontraron restos de flores de *Papaver rhoeas*. • Los antiguos griegos creían que el maíz no crecería sin que hubiese *Papaver rhoeas* cerca. • Después de la Primera Guerra Mundial, los socavones causados por las batallas en los campos de Flandes se cubrieron de *Papaver rhoeas*. Surgió la leyenda de que las flores procedían de la sangre derramada en la guerra, lo que convirtió la flor roja de *Papaver rhoeas* en el símbolo oficial que conmemora a los caídos en la guerra.

Núm. 393

Parthenocissus quinquefolia ☠

SIGNIFICADOS SIMBÓLICOS

Me aferro a ti en lo bueno y en lo malo, me aferro a ti tanto a la luz del sol como a la sombra

CURIOSIDADES

La *Parthenocissus quinquefolia* es una enredadera trepadora que crece en cualquier lugar salvo en la arena seca. • Antiguamente, se usaba *Parthenocissus quinquefolia* para producir un veneno que se aplicaba en las puntas de las flechas.

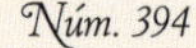

Núm. 394

Passiflora caerulea

SIGNIFICADOS SIMBÓLICOS

Anhelo de un paraíso perdido hace tiempo, fe, fe y piedad, fe y sufrimiento, naturaleza primigenia, no tengo pretensiones, no tienes pretensiones, piedad, sin pretensiones

POSIBLES PODERES

Aumento de la libido, paz, prosperidad de las amistades, sueño.

CURIOSIDADES

La *Passiflora caerulea* es un poderoso símbolo del sufrimiento de Cristo que se utilizó como una ayuda visual para explicar el Evangelio cristiano antes de que existieran los materiales impresos. • Se cree que una flor de *Passiflora caerulea* en casa fomenta la tranquilidad, ya que ayuda a calmar los problemas y a resolverlos. • Lleve una flor de *Passiflora caerulea* encima para atraer amigos. • Ponga una hoja de *Passiflora caerulea* bajo la almohada para que le ayude a tener un sueño reparador.

Núm. 395

Peganum harmala

SIGNIFICADOS SIMBÓLICOS

Arrepentimiento, disposición cambiante, docilidad

POSIBLES PODERES

Protege contra el mal de ojo, protege contra la mirada de los extraños

CURIOSIDADES

En Turquía, es frecuente que se cuelguen cápsulas de semillas secas de la planta *Peganum harmala* en las casas, donde se utilizan como medio de protección contra el mal de ojo. • En Oriente Próximo, las antiguas oraciones y las cápsulas de semillas secas de la planta *Peganum harmala* se mezclan con otros ingredientes y luego se ponen sobre carbón caliente hasta que estallan y echan humo. A continuación, este humo se esparce en torno a la cabeza de la persona que cree que ha sido observada por extraños o que ha estado expuesta directamente al mal de ojo.

Núm. 396

Pelargonium crispum

SIGNIFICADOS SIMBÓLICOS

Distinción, encuentro inesperado

CURIOSIDADES

Las *Pelargonium* son protectoras cuando se cultivan o se llevan a casa como flores cortadas y se ponen en agua limpia. • Las macetas de *Pelargonium crispum* rojo ofrecen protección para el hogar y la salud. • Su fruto/semilla es puntiagudo y se parece al pico de una cigüeña. • Al frotarlas, las hojas de *Pelargonium crispum* desprenden una fragancia de limón.

Núm. 397

Pelargonium graveolens

SIGNIFICADOS SIMBÓLICOS

Calma, distinción, felicidad, felicidad espiritual, preferencia, te prefiero

POSIBLES PODERES

Amor, felicidad, fertilidad, prosperidad, protección, salud

CURIOSIDADES

El aceite esencial destilado de las hojas perfumadas de rosa de *Pelargonium graveolens* se utiliza a menudo para suplementar o representar por completo la fragancia de *Rosa* en productos personales y domésticos.

Núm. 398

Pelargonium inquinans

SIGNIFICADOS SIMBÓLICOS

Alegría, consuelo, distinción, melancolía, reconfortante, tontería

POSIBLES PODERES

Amor, fertilidad, protección, salud

CURIOSIDADES

La *Pelargonium inquinans* tiene una flor de color escarlata brillante y se considera la primera planta botánica que dio inicio al género *Pelargonium*, al que seguirían muchos híbridos.

Núm. 399

Pelargonium odoratissimum

SIGNIFICADOS SIMBÓLICOS

Distinción, facilidad, preferencia actual

POSIBLES PODERES

Amor, fertilidad, purificación, salud

CURIOSIDADES

La fragancia del follaje del *Pelargonium odoratissum* recuerda a la de las manzanas frescas.

Núm. 400

Primula ☠

SIGNIFICADOS SIMBÓLICOS

Alegría, amor eterno, amor joven, amor obsesivo, amor silencioso, confianza, desesperación, energía femenina, felicidad, frivolidad, inconstancia, irreflexión, juventud temprana, juventud, mujer, no puedo estar sin ti, no puedo vivir sin ti, orgullo de riquezas, placer, satisfacción, valor modesto

POSIBLES PODERES

Amor, protección

Núm. 401

Primula auricula ☠

SIGNIFICADOS SIMBÓLICOS

Pintura

SIGNIFICADO ESPECÍFICO POR COLOR: Escarlata: avaricia

Núm. 402

Primula veris ☠

SIGNIFICADOS SIMBÓLICOS

Consumación, muerte, mujeres, nacimiento

POSIBLES PODERES

Buscar tesoros, curación, hechizos de amor, juventud

CURIOSIDADES

A las hadas les encanta la *Primula veris* y la protegen. • Las flores de *Primula veris* se consideran flores de hadas en Irlanda y Gales. • Se cree que al tocar una roca de hadas con un ramillete de *Primula veris* se abrirá una puerta invisible al país de las hadas. Sin embargo, si no hay el número adecuado de flores en el ramillete, se producirá una fatalidad. El problema es que nadie sabe con certeza cuál es el número adecuado de flores. • También se cree que la *Primula veris* ayuda a los niños a encontrar tesoros ocultos, sobre todo el oro de las hadas. • Si no quiere visitas, ponga una ramita de *Primula veris* en el porche. • Lleve encima *Primula veris* para preservar o recuperar tu juventud.

Núm. 403

Primula vulgares ☠

SIGNIFICADOS SIMBÓLICOS

Alegría, amor eterno, despilfarro, felicidad, frivolidad, irreflexión, placer, satisfacción, valor modesto

POSIBLES PODERES

Buscar tesoros, curación, de amor, juventud

CURIOSIDADES

Cultive *Primula vulgares* roja y azul en el jardín para atraer a las hadas que deben proteger las flores de todas las adversidades. • Lleve una flor de *Primula vulgares* encima para atraer amor. • Lleve una flor de *Primula vulgares* para curar la locura.

Núm. 404

Prosopis

SIGNIFICADOS SIMBÓLICOS

Autobendición, perdón

POSIBLES PODERES

Curación

CURIOSIDADES

Cuando escasea el agua, el árbol *Propopis*, que puede alcanzar hasta 15 metros de altura, tan solo alcanza la altura de un arbusto.

Núm. 405

Protea cynaroides

SIG. SIMBÓLICOS

Coraje

CURIOSIDADES

La *Protea cynaroides* es una de las flores más antiguas de la Tierra.

Núm. 406

Prunus armeniaca ☠

SIGNIFICADOS SIMBÓLICOS

Amor tímido

Flor de Prunus armeniaca:

Amor tímido, desconfianza, duda

POSIBLES PODERES

Afrodisíaco, amor

CURIOSIDADES

Se cree que si *Prunus armeniaca* aparece en un sueño da suerte. • Se cultiva *Prunus armeniaca* en Armenia desde la prehistoria, según indican las semillas halladas en una excavación de la época eneolítica (Eneolítico: periodo de transición entre el Neolítico y la Edad de Bronce) en Garni, Armenia. • En el Centro de Origen de Vavilov se señala que el *Prunus armeniaca* se cultivó por primera vez en la región de China; otros creen que el *Prunus armeniaca* se cultivó por primera vez en la India hacia el año 3000 a.C. • Lleve esta flor para atraer amor.

Núm. 407

Prunus avium ☠

SIGNIFICADOS SIMBÓLICOS

Amor, educación, fe, inteligencia, una buena educación

Flor dePrunus avium:

Amabilidad, amabilidad, belleza ascética, belleza espiritual, belleza femenina, buena educación, buena educación, educación, honor de la resignación grácil, insinceridad, paz, transitoriedad de la vida, transitoriedad melancólica

POSIBLES PODERES

Adivinación, alegría, amistad, amor, armonía, atracción, belleza, dones, las artes, placer, sensualidad

CURIOSIDADES

Para encontrar el amor, ate un mechón de su pelo a un árbol *Prunus avium*.

Núm. 408

Prunus cerasifera ☠

SIGNIFICADOS SIMBÓLICOS

Privación

POSIBLES PODERES

Curación, amor

Núm. 409

Prunas domestica ☠

SIGNIFICADOS SIMBÓLICOS

Belleza, cumplir promesas, fidelidad, genio, longevidad, mantener tus promesas, promesa

POSIBLES PODERES

Amor, protección

CURIOSIDADES

Cuelgue una rama de *Prunus domestica* sobre las puertas y ventanas de su casa para protegerla del mal.

Núm. 410

Prunus dulcis ☠

SIGNIFICADOS SIMBÓLICOS

Esperanza, estupidez, fructificación, imprudencia, indiscreción, irreflexión, promesa, prosperidad, sabiduría, unión, vértigo, virginidad

Flor de Prunus dulcis:

Esperanza, vigilancia

POSIBLES PODERES

Actitud, ambición, armonía, comprensión superior, conceptos espirituales, dinero, éxito en los negocios, lógica, manifestación en forma material, pensamiento claro, procesos de pensamiento, prosperidad, sabiduría, superación de la dependencia del alcohol

CURIOSIDADES

Hay quien cree que llevar nueces de *Prunus dulcis* en el bolsillo puede hacerte descubrir tesoros • Las nueces de *Prunus dulcis* silvestre son venenosas. Los árboles *Prunus dulcis* cultivados no son tóxicos. • Puede garantizar el éxito de un negocio trepando a un árbol de *Prunus dulcis*. • Las varitas mágicas de madera de *Prunus dulcis* son muy apreciadas.

Núm. 411

Prunus japonica ☠

SIGNIFICADOS SIMBÓLICOS

Esperanza

POSIBLES PODERES

Adopción, hechizos de amor, ritual de unión de manos

Núm. 412

Prunus padus ☠

SIG. SIMBÓLICOS

Perfidia

POSIBLES PODERES

Proteger de la peste, Brujería

CURIOSIDADES

En la época medieval, la corteza de *Prunus padus* se colocaba en las puertas de las casas para ahuyentar la peste. • En algunas partes del norte de Escocia, se evita especialmente la madera de *Prunus padus* porque se considera madera de «árbol de brujas».

Núm. 413

Prunas persica ☠

SIGNIFICADOS SIMBÓLICOS

Esperanza nupcial, felicidad, fortuna, generosidad, gentileza, honores, novias jóvenes, paz, tus cualidades y encantos son inigualables

Flor de Prunus persica:

Cautivo/a, cualidades inigualables, larga vida, longevidad, mi corazón es tuyo, soy tu cautivo/a, soy tuyo/a

POSIBLES PODERES

Amor, deseos, exorcismo, fertilidad, longevidad, repele a los espíritus

CURIOSIDADES

En China, las ramas de *Prunus persica* se utilizan para ahuyentar a los malos espíritus. • Los niños chinos llevaban antiguamente un trocito de *Prunus persica* como colgante para alejar a los demonios de ellos. • Se cree que llevar un trocito de madera de *Prunus persica* alarga la vida y puede que incluso le haga inmortal. • En Japón, las ramas de *Prunus persica* se han utilizado como varas de adivinación.

Núm. 414

Prunas rainier ☠

SIGNIFICADOS SIMBÓLICOS

Buena educación, engaño

CURIOSIDADES

El *Prunus rainier* produce un fruto dorado con un toque rojizo. • Atrae a los pájaros para que se alimenten de sus frutos.

Núm. 415

Prunus spinosa ☠

SIGNIFICADOS SIMBÓLICOS

Austeridad, bendición que viene después de un desafío, desafíos venideros, dificultad, inevitabilidad, lucha, preparación, restricción

POSIBLES PODERES

Desterrar energías y entidades negativas, exorcismo, protección

CURIOSIDADES

Cuelgue *Prunus spinosa* sobre las puertas para alejar el mal, las desgracias y las energías negativas, y desterrar a los demonios de su casa. • Una rama bifurcada de *Prunus spinosa* será una vara de adivinación muy útil. • La madera de *Prunus spinosa* puede servir para fabricar una buena varita mágica.

Núm. 416

Pteridium aquilinum ☠

SIGNIFICADOS SIMBÓLICOS
Lluvia, protección

POSIBLES PODERES
Curación, fertilidad, lluvia mágica, protección, sueños proféticos

Semilla de Pteridium aquilinum:
Invisibilidad, da cualidades mágicas

CURIOSIDADES
Antiguamente, se creía que un viajero se desorientaba, hasta el punto de perder el rumbo, si pisaba *Pteridium aquilinum*. • Para hacer que llueva, queme un poco de *Pteridium aquilinum*. • Coloque fronda de *Pteridium aquilinum* bajo la almohada para soñar con la solución de un problema que le desconcierte. • Añada *Pteridium aquilinum* a los arreglos florales para aumentar la protección.

Núm. 417

Pteridophyta

SIGNIFICADOS SIMBÓLICOS
Confusión, riqueza

POSIBLES PODERES
Fortuna, poderes mágicos, protección, salud, suerte

CURIOSIDADES
Antiguamente, en Inglaterra se creía que colgar *Pteridophyta* seca en la casa protegería de los truenos y relámpagos a todos los que la habitasen. • En Inglaterra también se creía que cortar o quemar *Pteridophyta* hacía que lloviera. • Se pensaba que la semilla de *Pteridophyta* proporcionaba poderes mágicos, como la invisibilidad, si se llevaba en el bolsillo. • Antiguamente, se creía que caminar sobre *Pteridophyta* confundía tanto al viajero que se perdía.

Núm. 418

Pterocarpus santalinus

SIG. SIMBÓLICOS
Deseo, deseo carnal, deseos mundanos, deseos sensuales

POSIBLES PODERES
Accidentes, agresión, alegría, amor, armonía, atracción, belleza, conflicto, deseos carnales, fuerza, guerra, ira, las artes, lucha, lujuria, maquinaria, música rock, placeres, regalos de amistad, sensualidad

Núm. 419

Pulmonaria

SIGNIFICADOS SIMBÓLICOS
Eres mi vida

POSIBLES PODERES
Protección al viajar por aire

CURIOSIDADES
Las hojas de *Pulmonaria* se utilizan a veces para representar pulmones enfermos en magia curativa.

Núm. 420

Pulsatilla ☠

SIG. SIMBÓLICOS
No tengo pretensiones, no tienes pretensiones, sin pretensiones

POSIBLES PODERES
Curación, protección, protección contra la magia negativa, salud

CURIOSIDADES
En otros tiempos, los sépalos de *Pulsatilla* se utilizaban para colorear los huevos que se usaban en diversos festivales primaverales, ya que dejaban una mancha verde no permanente. Como estos

acontecimientos primaverales tenían lugar en fechas próximas a la Pascua, los cristianos que celebraban la Pascua adoptaron la costumbre de colorear los huevos. • Cultivar flores rojas de *Pulsatilla* en el jardín de casa protegerá tanto el jardín como el hogar. • Se cree que en primavera, si envuelves en un paño rojo las primeras flores de *Pulsatilla* que se vean y luego las llevas encima, evitarás enfermedades. • En Escocia se creía que al arrancar una flor de *Pulsatilla* se iniciaba una tormenta eléctrica. • Hay quien cree que por la noche las hadas duermen dentro de la flor de *Pulsatilla* cerrada.

Núm. 421

Punica granatum

SIGNIFICADOS SIMBÓLICOS

Abundancia, buena suerte, compasión, cosas buenas, dulzura del reino celestial, elegancia, engreído/a, engreimiento, engreimiento, insensatez, matrimonio, misterio, paraíso, plenitud, primer regalo de la casa, prosperidad, rectitud, resurrección, sufrimiento, verano

POSIBLES PODERES

Adivinación, afrodisíaco, amor, amor sensual, capacidad intelectual, deseos, fertilidad, inmortalidad, pasión, poder creativo, riqueza, suerte

Flor de Punica granatum: adivinación, elegancia, elegancia madura, encarcelamiento, fertilidad, magia amorosa no correspondida, riqueza, vinculación

Semillas de Punica granatum: amor

CURIOSIDADES

Lleve consigo un trozo de cáscara de *Punica granatum* para aumentar la fertilidad. • Utilice una rama bifurcada de *Punica granatum* como vara adivinatoria para encontrar riquezas ocultas. • Un método de adivinación divertido para que una chica averigüe cuántos hijos podría tener consiste en tirar una fruta de *Punica granatum* al suelo con fuerza suficiente para que se rompa. El número de semillas que caigan del fruto es el número de hijos que va a tener algún día. • Cuelgue una rama de *Punica granatum* sobre una puerta para ahuyentar el mal.

Núm. 422

Pyrus ☠

SIGNIFICADOS SIMBÓLICOS

Afecto, esperanza, salud

POSIBLES PODERES

Amor, lujuria

Flor de Pyrus: confort, larga vida

CURIOSIDADES

La madera de *Pyrus* resulta idónea para construir una varita.

Q

Núm. 423

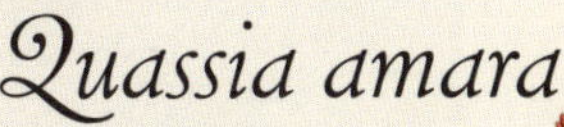

Quassia amara

SIGNIFICADOS SIMBÓLICOS

Amargo, amargura

POSIBLES PODERES

Amor

Núm. 424

Quercus alba ☠

SIGNIFICADOS SIMBÓLICOS

Independencia

Hojas de Quercus alba: bienvenida, fuerza, valentía

Rama de Quercus alba: hospitalidad

Nuez de Quercus alba (bellota): buena suerte, fruto de un largo y duro trabajo, inmortalidad, paciencia, vida

POSIBLES PODERES

Curación, dinero, fertilidad, potencia, protección, salud, suerte

CURIOSIDADES

El *Viscum album* (muérdago común) se buscaba sobre todo en las ramas de un *Quercus alba* que se cortaban ceremoniosamente para su uso en rituales. Esto se debe a que el *Viscum album* —considerado una de las plantas más cargadas de magia— es más sagrado y poderoso cuando se encuentra en un *Quercus alba*.

R

Núm. 425

Ranunculus acris ☠

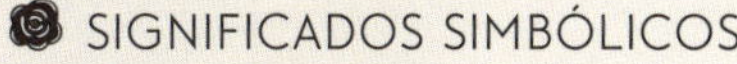

SIGNIFICADOS SIMBÓLICOS

Ambición, asuntos sociales, autoestima, comunicación verbal, fortuna, ingratitud, inmadurez, perfidia, recuerdos de la infancia, reminiscencia de la infancia, riqueza

CURIOSIDADES

En la Edad Media, algunos mendigos, con fines deshonestos, se frotaban deliberadamente la piel con la savia irritante de *Ranunculus acris* para que les salieran llagas abiertas con ampollas y así despertar la compasión de los transeúntes y recibir más limosnas.

Núm. 426

Ranunculus asiaticus ☠

SIGNIFICADOS SIMBÓLICOS

Ambición, asuntos sociales, atractivo, autoestima, belleza, comunicación verbal, estás resplandeciente de encanto, fascinación, fortuna, ingratitud, inmadurez, perfidia, recuerdos de la infancia, recuerdos de la infancia, riqueza, tienes muchos atractivos

CURIOSIDADES

La flor de *Ranunculus asiaticus* conocida por ser una flor que dura más tiempo cortada, puede permanecer fresca en un recipiente con agua corriente sin tratar hasta una semana.

Núm. 427

Ranunculus ficaria ☠

SIGNIFICADOS SIMBÓLICOS

Alegrías venideras, asuntos legales, evasión, felicidad, júbilo futuro, protección

POSIBLES PODERES

Evasión, felicidad, alegría, asuntos legales, protección

Núm. 428

Ranunculus sardous ☠

SIGNIFICADOS SIMBÓLICOS

Desprecio, invitación, ironía, muerte, risa desdeñosa

CURIOSIDADES

Según la superstición popular, *Ranunculus sardous* es una planta que provoca locura.

Núm. 429

Ranunculus sceleratus ☠

SIGNIFICADOS SIMBÓLICOS

Brillantez, ingratitud

CURIOSIDADES

Ranunculus sceleratus suele crecer cerca de estanques o en zanjas húmedas.

Núm. 430

Raphanus sativus

SIGNIFICADOS SIMBÓLICOS

Estatus alto

POSIBLES PODERES

Lujuria, protección

CURIOSIDADES

Lleve consigo *Raphanus sativus* para protegerse del mal de ojo.
• Hubo un tiempo en Alemania en que se usaba *Raphanus sativus* para localizar a los hechiceros.

Núm. 431

Rhamnus purshiana ☠

SIGNIFICADOS SIMBÓLICOS
Paciencia, providencia

POSIBLES PODERES
Asuntos legales, dinero, protección

CURIOSIDADES
Para ayudar a ganar un juicio, antes de acudir a él esparza trocitos de *Rhamnus purshiana* por su casa. • Lleve puesto *Rhamnus purshiana* para ahuyentar los maleficios y el mal. • Antiguamente, se rumoreaba que la corona de espinas que llevaba Jesucristo se hizo con ramitas verdes de *Rhamnus purshiana*.

Núm. 432

Rheum rhabarbarum ☠

SIG. SIMBÓLICOS
Consejo

POSIBLES PODERES
Fidelidad, salud, protección

CURIOSIDADES
Póngase un trozo de *Rheum rhabarbarum* alrededor del cuello con un cordel para protegerse del dolor de estómago.

Núm. 433

Rhododendron maximum ☠

SIGNIFICADOS SIMBÓLICOS
Agitación, ambición, ambicioso/a, cuidado, peligro

POSIBLES PODERES
Ahuyentar, poder, poder para vencer a los enemigos, saber quién está contra ti, suscitar agitación

Núm. 434

Rhodymenia palmata

SIGNIFICADOS SIMBÓLICOS
Armonía, dos que se unen, lujuria

POSIBLES PODERES
Armonía, lujuria

Núm. 435

Ribes rubrum

SIGNIFICADOS SIMBÓLICOS
Agradecimiento, me complaces, tu ceño fruncido acabará conmigo, tu desaprobación acabará conmigo, tu expresión de desaprobación acabará conmigo, tu infelicidad acabará conmigo

Rama de Ribes rubrum: complaces a todo el mundo

Núm. 436

Ribes uva-crispa

SIG. SIMBÓLICOS
Anticipación, arrepentimiento

CURIOSIDADES
Se creía que las hadas iban a esconderse del peligro a *Ribes uva-crispa*.

Núm. 437

Robinia ☠

SIGNIFICADOS SIMBÓLICOS
Amistad, amor oculto, amor platónico, elegancia

CURIOSIDADES
Las flores de *Robinia* crecen en el árbol como grandes racimos colgantes y gruesos de flores rosas o blancas.

Núm. 438

Rosa

SIGNIFICADOS SIMBÓLICOS

Adivinación, amor, belleza, belleza suprema, curación, equilibrio, esperanza y pasión, fuerza a través del silencio, magia, mensajera del amor, pasión, perfección, poderes psíquicos, portadora de secretos y entendimiento, protección, suerte

Capullo de Rosa: véase Rosa (capullo)

Ramo de Rosa en plena floración: gratitud

Corona de Rosa: cuidado con la virtud, recompensa a la virtud, recompensa al mérito, símbolo de mérito superior.

Rosa en flor: eres hermoso/a.

Guirnalda de Rosa: cuidado con la virtud, recompensa a la virtud, recompensa al mérito, símbolo de mérito superior

Hoja de Rosa: nunca molesto, puedes esperar

Una Rosa entera colocada sobre dos capullos de rosa: secretismo

Rosa sin espinas: afecto, apego temprano

Rosa marchita: hermosura apagada

Aro de Rosa: cuidado con la virtud, recompensa a la virtud, recompensa al mérito, símbolo de mérito superior

POSIBLES PODERES

Adivinación, amor, belleza, curación, paz, poderes psíquicos, protección, purificación

CURIOSIDADES

En 1840 había una colección de *Rosa* de más de mil variedades, cultivares y especies diferentes plantadas en un arboreto victoriano y cementerio aconfesional de Inglaterra llamado Abney Park Cemetery, que permaneció en funcionamiento desde 1840 hasta 1978, aproximadamente, y que ahora es un parque público. • En tiempos de los romanos se ponía una *Rosa* silvestre en la puerta de una habitación donde se discutían asuntos confidenciales, de ahí el término *sub rosa,* que significaba «bajo la rosa» y ahora significa «guardar un secreto». • Planta *Rosa* en el jardín para atraer a las hadas. • Esparza pétalos de *Rosa* por la casa para aliviar el estrés y los problemas domésticos que hayan aflorado y resulten desagradables.

Núm. 439

Rosa acicularis

SIG. SIMBÓLICOS

Persona poética

CURIOSIDADES

Se dice que las hadas pueden volverse invisibles si se comen un escaramujo de *Rosa acicularis* y luego dan tres vueltas en sentido contrario a las agujas del reloj. Para volver a ser visibles, tendrían que comerse otro escaramujo y luego girar tres veces en el sentido de las agujas del reloj.

Núm. 440

Rosa (capullo)

SIGNIFICADOS SIMBÓLICOS

Corazón inocente de amor, amor confesado, belleza, confesión de amor, inocencia, juventud, muchacha, virginidad

Núm. 441

Rosa canina

SIGNIFICADOS SIMBÓLICOS

Ferocidad, dolor y placer, honestidad, sencillez

CURIOSIDADES

La *Rose canina* es una rosa silvestre trepadora. • Antiguamente se creía que la raíz de *Rose canina* curaba la mordedura de un perro rabioso o enloquecido.

Núm. 442

Rosa carolina

SIGNIFICADOS SIMBÓLICOS

El amor es peligroso

CURIOSIDADES

La *Rosa carolina* es una rosa silvestre espinosa que suele crecer libremente en los prados.

Núm. 443

Rosa centifolia

SIGNIFICADOS SIMBÓLICOS

Embajadora del amor, dignidad de ánimo, embajadora del amor, gentileza, gracias, orgullo

POSIBLES PODERES

Amor nutritivo, amor penetrante, disminuir la ira

CURIOSIDADES

La *Rosa centifolia* tiene una vibración superior a la de cualquier otra flor.

Núm. 444

Rosa chinensis

SIGNIFICADOS SIMBÓLICOS

Belleza siempre nueva, alivia mi ansiedad, aspiro a tu sonrisa, belleza siempre renovada, esa sonrisa a la que aspiraría, gracia, quiero sonreír como tú

POSIBLES PODERES

Alivio, poderes posibles, protección

Núm. 445

Rosa foetida

SIGNIFICADOS SIMBÓLICOS

Amistad, amor platónico, celos, disminución del amor, encanto, eres todo lo que es encantador, infidelidad, infidelidad, júbilo, muy encantador, trata de cuidar

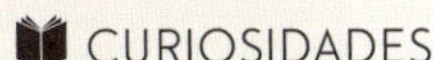

CURIOSIDADES

La *Rosa foetida* es una zarza ramificada de floración prolífica, con flores amarillas muy bonitas y vivas; su fragancia es peculiar.

Núm. 446

Rosa gallica «Versicolor»

SIGNIFICADOS SIMBÓLICOS

Eres alegre, variedad

CURIOSIDADES

Los pétalos de la *Rosa gallica* «Versicolor» son rayados.

Núm. 447

Rosa multiflora

SIGNIFICADOS SIMBÓLICOS

Gracia, ingratitud

CURIOSIDADES

Rosa multiflora se introdujo en Norteamérica por primera vez en 1866, con la intención de que sirviera como un robusto portainjerto para otras variedades de rosas. • En la década de los años treinta, se promovió el cultivo de la espinosa *Rosa multiflora* como seto vivo y florido para ayudar a controlar la erosión del suelo. • Actualmente, la planta está naturalizada y se ha vuelto invasora; tanto aves como animales continúan dispersando las semillas de *Rosa multiflora,* que pueden permanecer en el suelo hasta veinte años y aún germinar. • En algunas medianas de carretera, se ha plantado *Rosa multiflora* para que crezca densamente y funcione como barrera de protección.

Núm. 448

Rosa rubiginosa

SIG. SIMBÓLICOS

Una herida que curar, curar una herida, poesía, simpleza, primavera, simpatía, herida que curar

CURIOSIDADES

En su momento, la *Rosa rubiginosa* fue exclusivamente una rosa de jardín, hasta que se «escapó» de todos los límites y se naturalizó libremente a lo largo de los bordes de las carreteras en toda Europa.

Núm. 449

Rosa rugosa

SIGNIFICADOS SIMBÓLICOS

La belleza no es tu único atractivo

CURIOSIDADES

La espinosa *Rosa rugosa* que prospera en zonas costeras arenosas, se utiliza para estabilizar dunas y protegerlas de la erosión, y destaca por sus hermosas flores grandes.

Núm. 450

Rosa x damascena

SIGNIFICADOS SIMBÓLICOS

Amor impetuoso, tez brillante, frescura, inspiración para el amor, amor refrescante

CURIOSIDADES

Rosa x *damascena* es una antigua planta sagrada, originaria de Irán y venerada en Oriente Próximo, que produce una flor grande, hermosa y perfumada. • La *Rosa* x *damascena* es la fuente de un aceite esencial puro, utilizado en ciertas ceremonias religiosas.

Núm. 451

Rosmarinus officinalis

SIGNIFICADOS SIMBÓLICOS

Recuerdo afectuoso, atracción del amor, constancia, muerte, fidelidad, amistad, amor, lealtad, memoria, recuerdo, restablecer el equilibrio del poder doméstico, vitalidad, hierba nupcial

POSIBLES PODERES

Abundancia, avance, voluntad consciente, adivinación, emociones, energía, exorcismo, fertilidad, amistad, generación, crecimiento, curación, inspiración, intuición, júbilo, liderazgo, vida, luz, amor, amuleto del amor, lujuria, claridad mental, poderes mentales, poder natural, protección, protección contra la enfermedad, capacidad psíquica, purificación, repeler pesadillas, repeler brujas, mar, sueño, mente subconsciente, éxito, mareas, viajar por el agua, juventud

CURIOSIDADES

Durante la Edad Media, se solía esparcir *Rosmarinus officinalis* por el suelo durante la Navidad para perfumar la casa. • Se cree que quien huela el aroma de *Rosmarinus officinalis* en Nochebuena disfrutará de felicidad durante todo el año venidero. • Desde la antigüedad, cuando comenzó esta práctica en Grecia, se ha utilizado *Rosmarinus officinalis* tanto en rituales funerarios como matrimoniales. • Los estudiantes de la antigua Grecia se ponían ramitas de *Rosmarinus officinalis* detrás de la oreja o en el cabello para mejorar su memoria durante los exámenes académicos. • En las bodas se utilizaba abundantemente *Rosmarinus officinalis* ya que se creía que la planta ayudaba a la pareja a recordar y mantenerse fiel a sus votos matrimoniales. • Se creía que si te tocaban el dedo con una ramita de *Rosmarinus officinalis* te enamorabas. • Se cree que una ramita de *Rosmarinus officinalis* bajo la almohada es un remedio para evitar las pesadillas. • Desde la época del antiguo Egipto, *Rosmarinus officinalis* formaba parte de los rituales funerarios y se utilizaba también en el proceso de embalsamamiento. • En la época medieval, se pensaba que solo las personas honorables debían cultivar *Rosmarinus officinalis* en su propio jardín. • Se cree que *Rosmarinus officinalis* es altamente ofensivo para los espíritus malignos. • En la Edad Media, los recién casados plantaba una rama de *Rosmarinus officinalis*; si la rama no prosperaba, se consideraba un mal presagio para el matrimonio y la familia. • Es habitual que se use *Rosmarinus officinalis* como relleno en la fabricación de muñecos utilizados para atraer a un amante. • Se dice que *Rosmarinus officinalis* a cada lado de la puerta de entrada de una casa repele a las brujas.

Núm. 452

Rubus

SIG. SIMBÓLICOS

Envidia, bajeza, remordimiento

POSIBLES PODERES

Felicidad, curación, amor, dinero, prosperidad, protección, visiones

CURIOSIDADES

Las coronas de *Rubus* mezcladas con *Sorbus* (serbal de los cazadores) y *Hedera helix* (hiedra) se utilizaban en la fachada de las puertas para alejar a los malos espíritus. • En Inglaterra, se consideraba que daba mala suerte recoger los frutos de *Rubus* después del 11 de octubre. • Se plantaba *Rubus* en las tumbas para evitar que los muertos abandonaran sus lugares de descanso como fantasmas. • Hubo un tiempo en que, tras una muerte, se colocaban ramas de *Rubus* en todas las ventanas y puertas exteriores para impedir que el espíritu del difunto volviera a entrar en la casa en forma de embrujo. • Las bayas de *Rubus* fueron uno de los primeros alimentos consumidos por el ser humano.

Núm. 453

Rubus idaeus

SIGNIFICADOS SIMBÓLICOS

Belleza desdeñosa, tentación

POSIBLES PODERES

Felicidad, curación, amor, dinero, prosperidad, protección, visiones

Núm. 454

Rubus odoratus

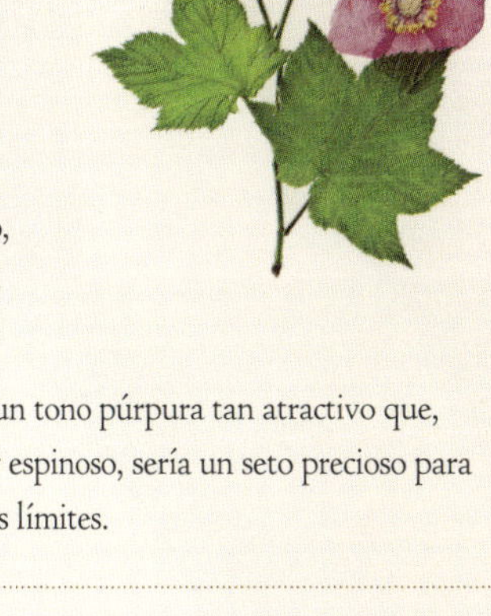

SIG. SIMBÓLICOS

Fragante belleza púrpura, visión encantadora

POSIBLES PODERES

Felicidad, curación, amor, dinero, prosperidad, protección, visiones

CURIOSIDADES

Rubus odoratus tiene una flor de un tono púrpura tan atractivo que, en un arbusto de zarzamora muy espinoso, sería un seto precioso para evitar que un intruso traspase sus límites.

Núm. 455

Rudbeckia hirta

SIGNIFICADOS SIMBÓLICOS

De mente pura, justicia

POSIBLES PODERES

Curación

R

Núm. 456

Ruellia ☠

SIG. SIMBÓLICOS

Gloria, inmortalidad

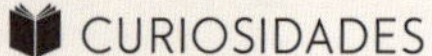

CURIOSIDADES

Aunque la planta se llama comúnmente «Petunia silvestre», la *Ruellia* no tiene nada que ver con la Petunia.

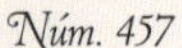

Núm. 457

Rumex acetosa ☠

SIG. SIMBÓLICOS

Afecto, ingenio inoportuno, afecto paterno, refresca el espíritu, ingenio

POSIBLES PODERES

Curación, salud

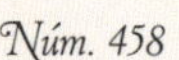

Núm. 458

Rumex crispus ☠

SIGNIFICADOS SIMBÓLICOS

Rizado, rizos

POSIBLES PODERES

Fertilidad, curación, dinero

CURIOSIDADES

Para ayudar a una mujer a concebir un hijo, supuestamente hay que colocar una pequeña cantidad de semillas de *Rumex crispus* en una bolsita de algodón y atársela al brazo izquierdo.

Núm. 459

Rumex patientia

SIGNIFICADOS SIMBÓLICOS

Astucia, paciencia, superstición religiosa

POSIBLES PODERES

Fertilidad, curación, dinero

Núm. 460

Rumohra adiantiformis

SIGNIFICADOS SIMBÓLICOS

Fascinación, magia, sinceridad

CURIOSIDADES

El *Rumohra adiantiformi* es uno de los helechos más utilizados por los floristas en la creación de arreglos para todo tipo de ocasiones alrededor del mundo.

- Miles de brasileños se aseguran sus ingresos vendiendo las frondas de *Rumohra adiantiformi* que recolectan en la naturaleza.

Núm. 461

Ruta graveolens ☠

SIGNIFICADOS SIMBÓLICOS

Arrepentimiento

POSIBLES PODERES

rompe maleficios, amor, claridad mental, curación, exorcismo, paciencia mental, poderes, protección, purificación, repele a las brujas, repele a los gatos, resistencia, salud, virginidad

CURIOSIDADES

Los sacerdotes católicos solían rociar agua bendita con una rama de *Ruta graveolens*. • Una planta *Ruta graveolens* puede vivir cientos de años. • Hubo un tiempo en que las novias lituanas en su boda llevaban coronas de *Ruta graveolens*. • En la Edad Media, se colgaba *Ruta graveolens* en las ventanas para impedir que entrasen entes malignos en la casa. • También en la Edad Media, se llevaba un manojo de *Ruta graveolens* en la cintura para ahuyentar a las brujas. • Se cree que colocar una hoja de *Ruta graveolens* en la frente alivia el dolor de cabeza. • Frota hojas frescas de *Ruta graveolens* en el suelo para revertir todo conjuro negativo que te hayan podido lanzar. • Se cree que puedes ahuyentar a los hombres lobo llevando una ramita de *Ruta graveolens*.

S

Núm. 462

Saccharum

SIGNIFICADOS SIMBÓLICOS
Amor dulcísimo, dulce amor, dulces para celebración, endulzar

POSIBLES PODERES
Amor,celebración, lujuria

CURIOSIDADES
Saccharum se consideraba antiguamente una especia. • En algunos remedios populares se sigue utilizando *Saccharum* como medicina • Alrededor del año 800 a. C, se cultivó por primera vez *Saccharum* en Nueva Guinea.

Núm. 463

Sagina subulata

SIG. SIMBÓLICOS
Sendero misterioso

POSIBLES PODERES
Dinero, protección, suerte

CURIOSIDADES
Las flores blancas de *Sagina subulata* son diminutas, pero la planta puede florecer tanto que las flores pueden llegar casi a cubrirla.

Núm. 464

Saintpaulia

SIGNIFICADOS SIMBÓLICOS
Semejante valor es poco frecuente

POSIBLES PODERES
Protección, espiritualidad

CURIOSIDADES
Cultive *Saintpaulia* en casa para fomentar la espiritualidad.

Núm. 465

Salix

SIGNIFICADOS SIMBÓLICOS
Maternidad, primavera, recibir una bendición, recuperación de una enfermedad

CURIOSIDADES
En la antigua Roma, las mujeres se iniciaban en el papel de la maternidad azotándose con ramas de *Salix* en un ritual que les deseaba fertilidad. • Se suele elegir la planta de *Salix* para crear esculturas vivientes que se moldean para formar figuras y elementos de jardín como cúpulas y asientos. • En las iglesias cristianas del noroeste de Europa, las ramas de *Salix* se utilizan como sustituto de la palma en las ceremonias del Domingo de Ramos. • En China, se suelen colocar ramas de *Salix* en las puertas para ahuyentar a los espíritus malignos que deambulan durante el festival Qingming (barrido de tumbas). • Las brujas taoístas suelen emplear tallas de madera de *Salix* para comunicarse con los espíritus de los muertos. Según la tradición, envían la imagen al inframundo, donde un espíritu debe entrar en ella, proporcionar la información solicitada y entregarla a sus familiares a su regreso. • En el folclore inglés antiguo, el árbol *Salix* se considera maligno por su capacidad de arrancarse de raíz y seguir acechando a los viajeros.

Núm. 466

Salix alba

SIGNIFICADOS SIMBÓLICOS
Embelesamiento, inmortalidad

POSIBLES PODERES
Adivinación del amor, amarres, amor, bendición, curación, protección

CURIOSIDADES
Las hojas de *Salix alba* atraen el amor. • A menudo se utiliza *Salix alba* en varitas que se emplean especialmente para la magia lunar. • En casa, *Salix alba* proporciona protección contra el mal. • Si es absolutamente necesario «tocar madera», hazlo en un árbol *Salix alba*. • El «Smigus-dyngus» (Día de Dyngus) es una festividad eslava que sigue a la Cuaresma en la que los chicos solteros salpican de agua a las chicas solteras, quienes, a su vez, les dan una palmada coquetamente con los esponjosos tallos de los «amentos» del *Salix alba*.

Núm. 467

Salix babylonica

SIGNIFICADOS SIMBÓLICOS

Desamparo, luto, melancolía, metafísica, tenacidad, tristeza

POSIBLES PODERES

Adivinación, curación

Núm. 468

Salix repens

SIGNIFICADOS SIMBÓLICOS

Amor abandonado, amor desamparado.

CURIOSIDADES

Salix repens es un arbusto bajo y rastrero que crece en brezales y dunas cercanas al agua.

Núm. 469

Salvia apiana

SIG. SIMBÓLICOS

Industria virtuosa

POSIBLES PODERES

Aclamación pública, consagración, curación, deseos, destierra el mal, destierra la negatividad, éxito, expansión, fidelidad femenina, gran respeto, habilidad artística, honor, inmortalidad, liderazgo, limpia el aura, longevidad, memoria, negocios, poder, política, prosperidad, protección, purificación, realeza, responsabilidad, riqueza, sabiduría

CURIOSIDADES

Para la curación y la prosperidad, la *Salvia apiana* se quema como incienso, se lleva como amuleto o se usa como ingrediente en una bolsita. • Purifica el entorno, eliminando la negatividad y las impurezas espirituales, y desterrando el mal y consagrando el espacio, y ofrece protección.

Núm. 470

Salvia officinalis

SIGNIFICADOS SIMBÓLICOS

Aliviar el dolor, buena salud, estima, inmortalidad, larga vida, sabiduría, sin edad, virtud doméstica

POSIBLES PODERES

Aclamación pública, deseos, éxito, expansión, fidelidad femenina, honor, inmortalidad, liderazgo, limpia el aura, longevidad, mordeduras de serpiente, negocios, poder, política, protección, purificación, realeza, responsabilidad, riqueza, sabiduría

CURIOSIDADES

Los antiguos romanos creían que la *Salvia officinalis* tenía el poder de otorgar vida inmortal. • En el pasado se creía que esta planta solo prosperaría en los jardines de casas controladas por mujeres. • Se plantaba *Salvia officinalis* menudo en los cementerios, ya que se creía que crecería fácilmente en el abandono, simbolizando así la vida eterna. • Desde la antigüedad, se ha utilizado *Salvia officinalis* para alejar el mal y otras cosas. Era uno de los principales ingredientes de un brebaje medicinal/mágico medieval llamado «vinagre de los cuatro ladrones», que supuestamente se usaba para ahuyentar la peste • Si escribe un deseo en una hoja de *Salvia officinalis*, la pone bajo la almohada y duerme sobre ella durante tres días consecutivos, y sueña que se cumple, se hará realidad. Si no sueña con que ese deseo se haga realidad, debe recoger esa hoja y enterrarla inmediatamente para que no le traiga ningún mal.

Núm. 471

Salvia sclarea

SIGNIFICADOS SIMBÓLICOS

Aclarar, despejar la mente, elevar, levantar el espíritu, refrescar

POSIBLES PODERES

Capacidad psíquica, emociones, fertilidad, generación, inspiración, intuición, mar, mareas, mente subconsciente, viajar por el agua

CURIOSIDADES

A veces se considera que la *Salvia sclarea* es «una hierba de mujer» por el efecto calmante y centrador que su fragancia puede tener sobre las emociones.

Núm. 472

Sambucus ☠

SIG. SIMBÓLICOS

Amabilidad, celo, ciclos, compasión, creatividad, fervor, finales, muerte, regeneración, renacimiento, renovación, transformación

POSIBLES PODERES

Curación, exorcismo, prosperidad, protección, sueño

Flor de Sambucus: bondad, compasión, fervor, humildad

Núm. 473

Sambucus nigra ☠

SIGNIFICADOS SIMBÓLICOS

Protección contra los peligros malignos

POSIBLES PODERES

Alejar ladrones, buena suerte, curación, dormir, exorcismo, magia, matar serpientes, muerte, prosperidad, protección, protección contra brujas, protección contra espíritus malignos

CURIOSIDADES

Sambucus nigra se asocia con las brujas. • Antiguamente, cuando se enterraba a los muertos, se plantaban ramas de *Sambucus nigra* junto al cadáver para protegerlos de los malos espíritus. Las puntas de flecha de la Edad de Piedra tenían forma de hojas de saúco. • Se supone que una cruz hecha de madera de *Sambucus nigra* y colocada en los establos aleja el mal de los animales. • Las cunas no debían hacerse de madera de *Sambucus nigra* ya que se creía que el bebé se caería, no podría dormir o le pellizcarían las hadas. • En Inglaterra se cree que quemar troncos de *Sambucus nigra* atrae al diablo a la casa. • Antes de podar un árbol de *Sambucus nigra*, se debía pedir permiso al árbol y luego escupir tres veces antes de realizar el primer corte. • Las hojas de *Sambucus nigra* que se recogen el último día de abril pueden fijarse a las puertas y ventanas para impedir que las brujas entren en casa. • Los árboles de *Sambucus nigra* o los setos de *Sambucus nigra* cultivados cerca de la entrada de una casa impedirán la entrada del mal. • Para protegerse del mal, se puede usar un amuleto formado por un trozo de madera de *Sambucus nigra* sobre el que nunca ha brillado el sol, atado entre dos nudos como colgante.

Núm. 474

Sanguinaria ☠

SIGNIFICADOS SIMBÓLICOS

Amor protector

POSIBLES PODERES

Amor, protección, purificación

CURIOSIDADES

Llevar un amuleto de *Sanguinaria* atraerá el amor y repelerá los maleficios y todo tipo de negatividad. • Ponga *Sanguinaria* cerca de ventanas y puertas para proteger el hogar.

Núm. 475

Sanguisorba

SIGNIFICADOS SIMBÓLICOS

Un corazón alegre

POSIBLES PODERES

Consagración de pertrechos rituales, contrarrestar la magia, protección

Núm. 476

Sansevieria ☠

SIGNIFICADOS SIMBÓLICOS

Calumnia

POSIBLES PODERES

Contrarresta las vibraciones que drenan hacia abajo; se reduce la tosquedad en los niños

Núm. 477

Santolina

SIG. SIMBÓLICOS

Virtud

POSIBLES PODERES

Ahuyentar insectos

CURIOSIDADES

Los amish de Pensilvania ponían *Santolina* seca en la despensa para ahuyentar a los gorgojos.

Núm. 478

Sassafras ☠

SIGNIFICADOS SIMBÓLICOS

Madera de la suerte

POSIBLES PODERES

Curación, dinero, salud

CURIOSIDADES

Lleva un trozo de *Sassafras* en el bolso o la cartera para atraer el dinero.

Núm. 479

Satureja

SIGNIFICADOS SIMBÓLICOS

Interés

POSIBLES PODERES

Amistad, amor, amuleto del amor, armonía, artes, atracción, belleza, claridad mental, dones, fuerza, júbilo, placer, poderes mentales, sensualidad

CURIOSIDADES

Lleve encima una ramita de *Satureja* para fortalecer su mente.

Núm. 480

Saxifraga hypnoides

SIG. SIMBÓLICOS

Afecto

CURIOSIDADES

La *Saxifraga hypnoides* cultivada crecerá hasta convertirse en una exuberante alfombra verde similar al musgo.

Núm. 481

Scabiosa atropurpurea

SIGNIFICADOS SIMBÓLICOS

Amor desafortunado, apego desafortunado, lo he perdido todo, viudez

CURIOSIDADES

La *Scabiosa atropurpurea* es una flor apropiada para ofrecer a alguien que llora la muerte de su compañero de vida.
• También es una flor adecuada para incluir en una corona funeraria.

Núm. 482

Scaevola aemula

SIGNIFICADOS SIMBÓLICOS

Zurdos

CURIOSIDADES

Parece que a la flor de la *Scaevola aemula* la hayan cortado por la mitad, para dejar cinco pétalos en uno de los lados y asemejarse a los cinco dedos de una mano. • Su significado se inspiró, supuestamente, en un soldado romano que recibió su nombre —y lo transmitió a todos sus descendientes— tras mutilarse deliberadamente la mano izquierda en el fuego para demostrar su valentía.

Núm. 483

Schefflera ☠

SIGNIFICADOS SIMBÓLICOS

Cubierta protectora

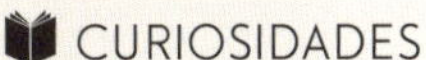

CURIOSIDADES

El *Schefflera* es uno de los árboles más comunes para plantar en macetas y usarlo como planta de interior.

Núm. 484

Schinus

SIGNIFICADOS SIMBÓLICOS

Entusiasmo religioso, matrimonio

POSIBLES PODERES

Curación, protección, purificación

CURIOSIDADES

Los curanderos tradicionales mexicanos suelen utilizar ramas de *Schinus* para curar a los enfermos, rozándoles con la rama para que la planta absorba la enfermedad. Luego se quema la rama para acabar con la enfermedad.

Núm. 485

Schlumbergera russelliana

SIGNIFICADOS SIMBÓLICOS

Fiabilidad, lealtad

POSIBLES PODERES

Perseverancia

CURIOSIDADES

Cuando la planta *Schlumbergera russelliana* empieza a brotar, no se debe girar para evitar que los brotes caigan.

Núm. 486

Scilla ☠

SIGNIFICADOS SIMBÓLICOS

Constancia, fidelidad, lealtad

POSIBLES PODERES

Accidentes, agresión, conflicto, deseos carnales, dinero, fuerza, guerra, ira, lucha, lujuria, maquinaria, música rock, protección, romper maleficios

CURIOSIDADES

Se utiliza *Scilla* en la magia griega desde el siglo V. • Un método para atraer el dinero consiste en poner *Scilla* en un frasco y añadirle monedas de plata. • Para romper un maleficio, úsela o llévela encima.

Núm. 487

Scutellaria

SIGNIFICADOS SIMBÓLICOS

Lealtad, restauración

POSIBLES PODERES

Alivio de la ansiedad, amor, armonía, asistencia, estabilidad, fertilidad, fidelidad, fuerza, ganancia material, independencia, paz, persistencia, restauración tras agresión mágica, restauración tras trabajo espiritual, tenacidad

CURIOSIDADES

Cuando una mujer lleva una ramita de *Scutellaria* protege a su marido de los encantos seductores de otra mujer. • La *Scutellaria* es útil como reconstituyente para recuperarse de un ataque mágico y de cualquier trabajo espiritual exigente.

Núm. 488

Securigera varia ☠

SIG. SIMBÓLICOS

Que tengas éxito

SIG. SIMBÓLICOS

Tranquilidad

Núm. 489

Sedum

SIGNIFICADOS SIMBÓLICOS

Calma

POSIBLES PODERES

Calmante, reduce los miedos, repele los rayos

Núm. 490

Sempervivum

SIGNIFICADOS SIMBÓLICOS

Economía doméstica, industria doméstica, marido bienvenido a casa, vivacidad

POSIBLES PODERES

Aleja el fuego, aleja el rayo, aleja la brujería, amor, protección, suerte

CURIOSIDADES

Antiguamente, se cultivaba *Sempervivum* en los tejados para ahuyentar el fuego, los rayos y las brujas. • Si se lleva fresco y se renueva cada tres días, se cree que *Sempervivum* atrae el amor.

Núm. 491

Senna ☠

SIGNIFICADOS SIMBÓLICOS

Purga

POSIBLES PODERES

Amor, purgante

Núm. 492

Sesamum indicum

SIGNIFICADOS SIMBÓLICOS

Purga, revelación

POSIBLES PODERES

Abre puertas cerradas, concepción, dinero, encuentra tesoros ocultos, éxito en los negocios, lujuria, protección, revela caminos secretos

CURIOSIDADES

Cada mes, ponga semillas frescas de *Sesamum indicum* en un tarro y déjelo destapado para atraer el dinero

Núm. 493

Silene

SIGNIFICADOS SIMBÓLICOS

Por fin atrapado, trampa

CURIOSIDADES

Un adivino de la tribu xhosa de Sudáfrica recolecta *Silene* para los rituales de adivinación durante la luna llena

Núm. 494

Silene coronaria

SIG. SIMBÓLICOS

Gentileza, solo mereces mi amor

CURIOSIDADES

La *Silene coronaria*, tal como indica la palabra latina *coronaria*, es una flor que servía para confeccionar coronas (o guirnaldas).

Núm. 495

Silene dioica

SIGNIFICADOS SIMBÓLICOS

Amor juvenil, me convierto en víctima

CURIOSIDADES

Las delicadas flores de *Silene dioica*, de color rosa oscuro a rojo, se encuentran en gran parte de las Islas Británicas. • En la Isla de Man, recoger *Silene dioica* va en contra de una superstición local, ya que se considera que trae muy mala suerte; se cree que molesta a las hadas y atrae su ira sobre quien lo haga.

Núm. 496

Silene nutans

SIGNIFICADOS SIMBÓLICOS

Traición, me convierto en víctima

Núm. 497

Silybum marianum

SIGNIFICADOS SIMBÓLICOS

Amor físico

POSIBLES PODERES

Armonía, asistencia, enfurecimiento de la serpiente, estabilidad, fertilidad, fuerza, ganancia material, independencia, persistencia, tenacidad

CURIOSIDADES

Según una antigua creencia anglosajona, si un hombre lleva *Silybum marianum* alrededor del cuello, cualquier serpiente que encuentre en su presencia se enfurecerá y comenzará a atacar.

Núm. 498

Smilax

SIGNIFICADOS SIMBÓLICOS

Adorable, encanto, mitología

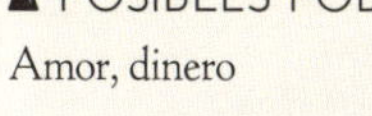

POSIBLES PODERES

Amor, dinero

Núm. 499

Solanum dulcamara

SIGNIFICADOS SIMBÓLICOS
Verdad

POSIBLES PODERES
Actividad lunar, curación, muerte, protección, renacimiento, verdad

CURIOSIDADES
Ponga un trocito de *Solanum dulcamara* en una bolsita y átela a alguna parte del cuerpo para alejar el mal.

Núm. 500

Solanum lycopersicum

SIGNIFICADOS SIMBÓLICOS
Contrariedad, puntillosidad

POSIBLES PODERES
Amor, prosperidad, protección

CURIOSIDADES
Algunos creen que colocar un fruto grande de *Solanum lycopersicum* en la repisa de la chimenea de una casa atraerá prosperidad. • Poner un fruto de *Solanum lycopersicum* en cualquier entrada de la casa repelerá las energías negativas. • Cultivar *Solanum lycopersicum* en el jardín ayudará a ahuyentar el mal.

Núm. 501

Solanum tuberosum

SIGNIFICADOS SIMBÓLICOS
Beneficencia, benevolencia

Flor de Solanum tuberosum: benevolencia

POSIBLES PODERES
Curación

CURIOSIDADES
Hay quien cree que llevar un *Solanum tuberosum* muy pequeño en el bolsillo puede proteger contra la gota, las verrugas y el reumatismo, así como aliviar un dolor de muelas, curar un resfriado y evitar que lo contraiga si lo lleva durante todo el invierno.

Núm. 502

Solenostemon scutellarioides

SIGNIFICADOS SIMBÓLICOS
Individualidad

CURIOSIDADES
Las hojas de las diversas variedades cultivadas de *Solenostemon scutellarioides* presentan patrones altamente distintivos, con una combinación de tonos que incluyen granate, morado, crema, rosa, amarillo, blanco, bronce y múltiples tonalidades de verde.

Núm. 503

Solidago

SIGNIFICADOS SIMBÓLICOS
Ánimo, buena fortuna, buena suerte, cautela, éxito, fuerza, precaución, tesoro

POSIBLES PODERES
Adivinación, dinero, prosperidad, suerte

CURIOSIDADES
Se atribuye principalmente al *Solidago* la fiebre del heno. • Las brujas utilizaban con frecuencia *Solidago* en sus pociones. • Se cree que si se lleva una ramita de *Solidago* un día, el futuro amor aparecerá al día siguiente.

• Hay quien cree que *Solidago* puede usarse como un instrumento de adivinación, sosteniéndolo en la mano; afirman que la flor se inclinará hacia el objeto perdido o escondido, e incluso podría señalar la ubicación de un tesoro. • Que crezca *Solidago* en un lugar donde antes no lo hacía, se considera un presagio de abundante buena fortuna para todas las personas del entorno.

Núm. 504

Sorbus

SIG. SIMBÓLICOS

Conexión, equilibrio, misterio, transformación

POSIBLES PODERES

Adivinación, curación, éxito, poder, poderes psíquicos, protección, visiones

CURIOSIDADES

El *Sorbus* que crece cerca de un círculo de piedras es el más potente de todos. • Lleve encima madera de *Sorbus* para aumentar sus poderes psíquicos. • La madera de *Sorbus* suele ser una de las preferidas para fabricar una varita mágica. • Con una rama bifurcada de *Sorbus* se puede fabricar un bastón de buceo muy eficaz. • Llevar encima bayas o corteza de *Sorbus* ayuda a la recuperación de enfermedades. • En Europa, desde hace siglos, se elaboran cruces protectoras con ramitas de *Sorbus* atadas con hilo rojo, que luego se llevan como amuletos. • Los bastones de *Sorbus* son útiles para quienes caminan largas distancias durante la noche. • Plante *Sorbus* en una tumba para evitar que el espíritu del difunto ronde por ella.

Núm. 505

Sorbus domestica

SIGNIFICADOS SIMBÓLICOS

Armonía, prudencia

CURIOSIDADES

En Moravia, en la República Checa, hay un *Sorbus domestica* enorme que se calcula que tiene 418 años.

Núm. 506

Spartium junceum

SIGNIFICADOS SIMBÓLICOS

Limpieza

POSIBLES PODERES

Curación

Núm. 507

Spathiphyllum

SIG. SIMBÓLICOS

Pacífico/a, paz, paz y prosperidad, siempre en paz

POSIBLES PODERES

Paz

CURIOSIDADES

Spathiphyllum se ha asociado estrechamente con la Virgen María y con la Pascua.

Núm. 508

Spondias purpurea ☠

SIGNIFICADOS SIMBÓLICOS

Privación

CURIOSIDADES

La savia de un árbol *Spondias purpurea* puede utilizarse como pegamento.

Núm. 509

Stachys

SIG. SIMBÓLICOS

Amor, sorpresa

POSIBLES PODERES

Aleja la magia maligna, aleja los malos espíritus, amor, curación del cuerpo y del alma, guarda contra el mal, protección, protección contra la brujería y la hechicería, purificación

Núm. 510

Stachys byzantina

SIGNIFICADOS SIMBÓLICOS

Protección, límites espirituales

POSIBLES PODERES

Protege contra el mal, protege contra la magia maligna, protege contra los espíritus malignos

CURIOSIDADES

Las hojas de *Stachys byzantina* son suaves y aterciopeladas y tienen forma de oreja de cordero.

Núm. 511

Stachys officinalis

SIG. SIMBÓLICOS

Amor, sorpresa

POSIBLES PODERES

Aclamación pública, aleja la magia maligna, aleja los espíritus malignos, amor, eficaz contra la brujería, éxito, expansión, honor, liderazgo, negocios, poder, política, protección, protección contra la brujería, protección contra las brujas, protección contra la embriaguez, protección contra las mordeduras de perro, protección contra las mordeduras de serpiente, protección contra los fantasmas, purificación, realeza, responsabilidad, riqueza

CURIOSIDADES

Stachys officinalis es la hierba mágica original. • Una superstición sobre *Stachys officinalis* es que un par de serpientes se matarían la una a la otra si se colocan en un círculo hecho de *Stachys officinalis*. • Lleve un amuleto de *Stachys officinalis* para curarse de una enfermedad psicosomática. • En la Edad Media, se cultivaba *Stachys officinalis* en los jardines de los monasterios para ahuyentar los males. • En la magia, se usa *Stachys officinalis* para purificar el cuerpo y el alma antes de realizar rituales curativos serios. • Los druidas creían que *Stachys officinalis* poseía poderes mágicos capaces de proteger a las personas de los malos espíritus, los pesadillas y la tristeza abrumadora. • Para crear una barrera de protección impermeable al mal, se puede frotar *Stachys officinalis* en todos los marcos de puertas y ventanas. • Una almohadita rellena de *Stachys officinalis* colocada bajo la almohada de la cama puede ayudar a acabar con las pesadillas. • Plante *Stachys officinalis* en un cementerio para disuadir la actividad espectral. • Se cree que *Stachys officinalis* protege tanto el cuerpo como el alma. • Se cree que cultivarla en el jardín protege el hogar. • Llévela encima cuando se acerque a un amor potencial.

Núm. 512

Sternbergia lutea

SIG. SIMBÓLICOS

Orgullo

CURIOSIDADES

Las flores de *Sternbergia lutea* florecen en otoño, son de un color dorado brillante y, a menudo, se confunden con las de *Narcissus* (narciso).

Núm. 513

Stilbocarpa polaris

SIGNIFICADOS SIMBÓLICOS

Nube blanca y alargada

CURIOSIDADES

Los niños maoríes de Nueva Zelanda solían fabricar divertidas y efímeras flautas utilizando los tallos huecos de la planta *Silbocarpa polaris*. • En el pasado, esta planta era considerada un alimento de supervivencia esencial para los náufragos que, arrastrados por la corriente, quedaban varados en las islas Auckland. Hoy en día, las *Silbocarpa polaris* de hojas grandes están clasificadas como «en peligro – naturalmente poco comunes» en Nueva Zelanda, debido a su estado de amenaza.

Núm. 514

Stillingia sylvatica

SIGNIFICADOS SIMBÓLICOS

Encontrar, localizar

POSIBLES PODERES

Poder psíquico

CURIOSIDADES

Sigue el rastro del humo de la *Stillingia sylvatica* en llamas para encontrar algo que se ha perdido.

Núm. 515

Strelitzia reginae

SIGNIFICADOS SIMBÓLICOS

Esplendor, fidelidad, júbilo, lealtad, magnificencia, sorpresas del romance

CURIOSIDADES

Si una mujer regala *Strelitzia* a un hombre, simboliza que ella le es fiel.

Núm. 516

Streptocarpus

SIGNIFICADOS SIMBÓLICOS

Fruta retorcida

CURIOSIDADES

La amplia y continua hibridación global de la hermosa planta *Streptocarpus* comenzó en los Jardines Kew de Londres en 1824, después de que se enviara allí por primera vez tras su descubrimiento en Sudáfrica. • Se exhiben ejemplares de *Streptocarpus* en exposiciones de jardinería de todo el mundo.

Núm. 517

Stylophorum diphyllum

SIGNIFICADOS SIMBÓLICOS

Alegrías que están por venir

POSIBLES PODERES

Dinero, éxito, riqueza

Núm. 518

Succisa pratensis

SIGNIFICADOS SIMBÓLICOS

Satisfacer una necesidad

POSIBLES PODERES

Amor, exorcismo, protección, suerte

CURIOSIDADES

En los cuentos populares, se explica que las raíces de *Succisa pratensis* son cortas y negras porque el diablo, enfadado, las arrancó de un mordisco tras oír el rumor de que la planta podía tener poderes curativos contra la peste bubónica.

T

Núm. 519

Tagetes

SIGNIFICADOS SIMBÓLICOS

Celos, creatividad, dolor, duelo, mentes vulgares, pasión

Tagetes con *Cupressus* (ciprés): desesperación

POSIBLES PODERES

Asuntos jurídicos, encantos amorosos, poderes psíquicos, protección, sueños proféticos

CURIOSIDADES

Los primeros cristianos solían depositar flores de *Tagetes* alrededor de las estatuas de la Virgen María, en lugar de monedas. • Los galeses creían que las flores de *Tagetes* servían para predecir las tormentas si no se abrían por la mañana.

Núm. 520

Tagetes erecta

SIGNIFICADOS SIMBÓLICOS

Afecto sagrado, cólera, duelo

POSIBLES PODERES

Cruzar un río con seguridad, protegerse de la caída de un rayo, seguridad en el agua

CURIOSIDADES

Los aztecas fueron los primeros en atribuir propiedades metafísicas a la *Tagetes erecta*.

Núm. 521

Tagetes patula

SIGNIFICADOS SIMBÓLICOS

Celos, creatividad, duelo, malestar, pasión, tormenta

POSIBLES PODERES

Asuntos legales, poderes psíquicos, protección, sueños proféticos

Núm. 522

Tanacetum balsamita

SIGNIFICADOS SIMBÓLICOS

Distinción, virtud

CURIOSIDADES

En la época medieval, se usaba una ramita de *Tanacetum balsamita* para señalar pasajes en las Biblias.

Núm. 523

Tanacetum parthenium

SIGNIFICADOS SIMBÓLICOS

Buena salud

POSIBLES PODERES

Protección

CURIOSIDADES

Hay quien cree que a las abejas no les gusta el olor de *Tanacetum parthenium*, de modo que se puede optar por llevar esta flor para ahuyentarlas. • El *Tanacetum parthenium* es bueno para alejar a los insectos de las plantas, por lo que a menudo se planta alrededor de los jardines para controlar las plagas. • Una mujer puede atraer a un hombre con una flor de *Tanacetum parthenium*. • Lleve una ramita de *Tanacetum parthenium* para que le proteja de las fiebres y los accidentes.

Núm. 524

Tanacetum vulgare

SIGNIFICADOS SIMBÓLICOS

Coraje, declaración contra ti, declaración de guerra, declaro contra ti, declaro la guerra contra ti, felicidad, guerra, hostilidad

POSIBLES PODERES

Amistad, amor, armonía, atracción, belleza, curación, júbilo, las artes, longevidad, placer, regalos, salud, sensualidad

CURIOSIDADES

Lleve encima *Tanacetum vulgare* para prolongar su vida.

Núm. 525

Taraxacum officinale

SIGNIFICADOS SIMBÓLICOS

Anhelo, cortejo, deseos de amor, felicidad, lealtad, prosperidad

POSIBLES PODERES

Adivinación, anhelo, invocación de espíritus, oráculo, oráculo rústico, purificación

Bola de semillas de Taraxacum officinale: deseos hechos realidad, magia de los deseos, magia de los espíritus, oráculo, oráculo del amor, oráculo rústico, salida

CURIOSIDADES

Entierre una bola de semillas de *Taraxacum officinale* en la esquina noroeste de su casa para atraer vientos deseables. • Un método curioso de adivinación es que si sopla las semillas de una bola de semillas de *Taraxacum officinale* supuestamente vivirá tantos años como semillas queden en la cabeza del tallo. • Además, por cada bola de semillas de *Taraxacum officinale* que sople, se le concederá un deseo. • Para enviar un mensaje a un ser querido, visualícelo y sople la bola de semillas de *Taraxacum officinale* hacia su dirección.

Núm. 526

Taxus ☠

SIG. SIMBÓLICOS

Adoración, arrepentimiento, dolor, fuerza, honor, ilusión, inmortalidad, introspección, liderazgo, longevidad, misterio, mortalidad, penitencia, poder, santidad, silencio, tristeza, victoria

POSIBLES PODERES

Resucitar a los muertos

CURIOSIDADES

En la época medieval, se plantaba *Taxus* en los patios de las iglesias con la creencia de que sus raíces crecerían hacia abajo y atravesarían los ojos de los muertos, impidiendo que siguieran viendo el mundo de los vivos y evitando que intentaran regresar como espíritus.

Núm. 527

Teucrium scorodonia

SIGNIFICADOS SIMBÓLICOS

Lealtad

POSIBLES PODERES

Protección contra la magia ofensiva, repelente de serpientes

CURIOSIDADES

La planta *Teucrium scorodonia*, conocida por su sabor amargo, se utilizaba en el pasado, y aún hoy día, como sustituto del lúpulo en la fabricación de cerveza. En la Edad Media, se esparcía en los hogares porque se creía que tenía la capacidad de impedir la entrada de serpientes.

Núm. 528

Thalictrum

SIGNIFICADOS SIMBÓLICOS

Florecer

POSIBLES PODERES

Adivinación, amor

Núm. 529

Theobroma cacao

SIGNIFICADOS SIMBÓLICOS

Alimento de los dioses, amor, sensual

POSIBLES PODERES

Amistad, amor, armonía, artes, atracción, belleza, júbilo, placeres, regalos, sensualidad

CURIOSIDADES

En algunas zonas de México, como Yucatán, las semillas de *Theobroma cacao* se utilizaron como moneda hasta finales del siglo XIX.

Núm. 530

Thuja ☠

SIG. SIMBÓLICOS

Afecto inmutable, amistad, amistad eterna, amistad inmutable, amistad verdadera, inmutable, vive para mí

POSIBLES PODERES

Armonía, buena fortuna, curación, destierro, dinero, exorcismo, felicidad, justicia, liberación, limpieza, paz, poderes psíquicos, protección, purificación, riqueza, salud, suerte

Núm. 531

Thunbergia alata ☠

SIG. SIMBÓLICOS

Alado

CURIOSIDADES

Conocida principalmente por sus pétalos de un vibrante color amarillo anaranjado y su mancha central oscura, casi negra, de tono marrón púrpura, *Thunbergia alata* también ofrece una presencia alta y excepcionalmente densa de colores verticales anuales en tonos de blanco, amarillo, rosa y naranja.

Núm. 532

Thymus serpyllum

SIGNIFICADOS SIMBÓLICOS

Acción, actividad, afecto, coraje, elegancia, energía, felicidad, frugalidad, garantiza un sueño reparador, muerte, movimiento rápido, osadía, valentía

POSIBLES PODERES

Afrodisíaco, amistad, amor, armonía, atrae el amor, atracción, belleza, coraje, curación, elemento agua, habilidad para ver hadas, irresistibilidad, júbilo, las artes, placer, poder psíquico, regalos, salud, sensualidad, sueño, purificación, venus

CURIOSIDADES

Las plantas de tomillo rastrero, densas y de monte bajo, no superan los cinco centímetros de altura. Su crecimiento disperso puede resultar impresionante cuando se cubren de flores lavanda en plena floración.

- Prepare una bolsita de tomillo rastrero y llévela encima con la intención de ver un hada, para aumentar su poder psíquico o para atraer el amor sensual.

Núm. 533

Thymus vulgaris

SIGNIFICADOS SIMBÓLICOS

Acción, actividad, afecto, amor, coraje, cura para el desamor, elegancia, energía, felicidad, frugalidad, fuerza, garantiza un sueño reparador, movimiento rápido, muerte, osadía, poderes psíquicos, purificación, salud, sueño, sueño reparador, valentía

POSIBLES PODERES

Afrodisíaco, amistad, amor, armonía, artes, atracción, belleza, curación, dones, habilidad para ver hadas, irresistibilidad, júbilo, placer, poderes psíquicos, purificación, salud, sensualidad, sueño, valor

CURIOSIDADES

Dado que *Thymus vulgaris* era un símbolo de valentía y coraje en la época medieval, era común que los caballeros que partían hacia las Cruzadas llevaran pañuelos o vistieran túnicas adornadas con la imagen de una ramita de *Thymus vulgaris* bordada por sus bellas damas. • En la antigua Grecia, se quemaba *Thymus vulgaris* como incienso para purificar los templos. • Se creía que si una mujer se ponía una ramita de *Thymus vulgaris* en el cabello, se volvería irresistible. • Antiguamente, se usaba *Thymus vulgaris* en ramilletes nasales para ahuyentar enfermedades y enmascarar malos olores. • Se creía que colocar *Thymus vulgaris* bajo la almohada ahuyentaba las pesadillas. • En tiempos pasados, tanto hombres como mujeres llevaban *Thymus vulgaris* para alejar la negatividad y el mal en sus actividades diarias. • Se pensaba que la *Thymus vulgaris* ofrecía un hogar a las hadas y un lugar donde pudieran bailar. • Lleva una ramita de *Thymus vulgaris* como amuleto para atraer buena salud. • Lleve una ramita de *Thymus vulgaris* para poder ver a las hadas. • Cuando se entierra a un miembro de la Orden independiente de Odd Fellows, se arroja *Thymus vulgaris* en su tumba. • Se cree que cada primavera es posible liberarse de los males y las penas del pasado tomando un baño purificador, al que se le añaden hojas machacadas de *Thymus vulgaris* y *Origanum majorana* (mejorana dulce) hasta que esté perfumada.

Núm. 534

Tibouchina semidecandra

SIG. SIMBÓLICOS

Belleza gloriosa, gloria

CURIOSIDADES

Debido a que tiene ramas quebradizas, la *Tibouchina semidecandra* no puede sobrevivir en zonas ventosas.

Núm. 535

Tilia

SIG. SIMBÓLICOS

Afecto conyugal, amor conyugal, casamiento, matrimonio, suerte

Ramita de Tilia: amor conyugal

POSIBLES PODERES

Amor, evita la intoxicación, inmortalidad, protección, sueño, suerte

CURIOSIDADES

Se cree que se puede evitar una intoxicación si se llevan unas cuantas hojas de *Tilia* en el bolsillo. • Se pueden tallar amuletos de buena suerte en madera de *Tilia*.

Núm. 536

Tillandsia usneoides

SIGNIFICADOS SIMBÓLICOS

Desarraigado/a

POSIBLES PODERES

Protección

CURIOSIDADES

Se sabe que la *Tillandsia usneoides* se utiliza para rellenar muñecas vudú. • Una leyenda de los nativos americanos narra que *Tillandsia usneoides* representa el cabello de una princesa, cortado por su afligido novio y colgado de la rama de un árbol para que el viento se lo llevara, después de que ella fuera asesinada por sus enemigos el día de su boda.

Núm. 537

Tradescantia ohiensis ☠

SIGNIFICADOS SIMBÓLICOS

Amor, estima pero no amor

POSIBLES PODERES

Amor

CURIOSIDADES

Los indios Dakota llevaban *Tradescantia ohiensis* para atraer el amor.

Núm. 538

Tradescantia virginiana ☠

SIGNIFICADOS SIMBÓLICOS

Felicidad momentánea, felicidad pasajera

POSIBLES PODERES

Amor

Núm. 539

Trifolium

SIGNIFICADOS SIMBÓLICOS

Fertilidad, venganza, virtud doméstica

POSIBLES PODERES

Amor, buena suerte, consagración, dinero, éxito, exorcismo, fidelidad, protección

CURIOSIDADES

Si tiene el corazón roto por culpa del amor, lleve *Trifolium* sobre el corazón en un trozo de seda azul para que le ayude a superarlo. Si no, llévelo siempre sobre el pecho derecho. • Los novios deben contraer matrimonio con un *Trifolium* de tres hojas (mejor aún si es un *Trifolium* de cuatro hojas) metido en cada zapato. • Los druidas consideraban que todas las plantas *Trifolium* eran plantas sagradas y mágicas. Para ellos el *Trifolium* de tres hojas simboliza la Tierra, el mar y el cielo, por eso todos los hechizos se repiten tres veces. • Coloque un *Trifolium* en su zapato izquierdo y déjelo allí para alejar el mal de su camino.

Núm. 540

Trifolium pratense

SIGNIFICADOS SIMBÓLICOS

Industria, prometo, providente, venganza

POSIBLES PODERES

Amor, consagración, dinero, éxito, exorcismo, fidelidad, protección

CURIOSIDADES

Si le han roto el corazón por amor, lleve *Trifolium pratense* sobre el corazón en un trozo de seda azul para que le ayude a superarlo. Si no, llévelo siempre sobre el pecho derecho. • Los novios deben contraer matrimonio con un *Trifolium pratense* de tres hojas (mejor aún si es un *Trifolium* de cuatro hojas) metido en cada zapato. • Los druidas consideraban que todas las *Trifolium pratense* eran plantas sagradas y mágicas. Para ellos el *Trifolium pratense* de tres hojas simboliza la Tierra, el mar y el cielo, por eso todos los hechizos se repiten tres veces. • Lleve encima *Trifolium pratense* pratense antes de firmar un contrato financiero de cualquier tipo.

Núm. 541

Trifolium repens

SIG. SIMBÓLICOS

Despreocupación, piensa en mí, promesa, prometo

POSIBLES PODERES

Buena suerte, júbilo, longevidad matrimonial con felicidad y buena fortuna, prosperidad, protección, virilidad.

CURIOSIDADES

Si le han roto el corazón por amor, póngase *Trifolium repens* sobre el corazón en un trozo de seda azul para que le ayude a superarlo. Si no, llévelo siempre sobre el pecho derecho. • Cuenta la leyenda que, en el siglo V, San Patricio utilizó *Trifolium repens* para enseñar la creencia cristiana en la Santísima Trinidad. • Desde la Edad Media, se considera que el *Trifolium repens* es un símbolo de la Trinidad. Los tréboles también se utilizan como símbolos de amor en las bodas. • Los novios deben contraer matrimonio con un *Trifolium repens* (o cualquier otro trébol de tres hojas; mejor aún si es de cuatro hojas) metido en cada zapato. • Los druidas consideraban que todos los tréboles eran plantas sagradas y mágicas. Para ellos, el *Trifolium repens* (o cualquier otro trébol de tres hojas) simboliza la Tierra, el mar y el cielo; por eso todos los hechizos se repiten tres veces. • Esparza *Trifolium repens* alrededor de una zona de negatividad mágica para romper un maleficio. • Si le han echado un maleficio, use *Trifolium repens* repens para romperlo.

Núm. 542

Trigonella foenum-graecum

SIGNIFICADOS SIMBÓLICOS

Crecimiento, juventud, transformación

POSIBLES PODERES

Dinero, prosperidad, riqueza

CURIOSIDADES

Una forma fácil de atraer dinero a su economía doméstica es añadir semillas de *Trigonella foenum-graecum* al agua que usa para fregar el suelo. • Antiguamente, se creía que la *Trigonella foenum-graecum* podía hacer que un anciano volviera a ser joven.

Núm. 543

Trillium

SIG. SIMBÓLICOS

Belleza modesta

POSIBLES PODERES

Amor, dinero, suerte

Núm. 544

Triticum

SIGNIFICADOS SIMBÓLICOS

Abundancia, amistad, prosperidad, riqueza, riqueza y prosperidad, serás rico/a

POSIBLES PODERES

Fertilidad, dinero

CURIOSIDADES

Lleve encima *Triticum* para favorecer la fertilidad. • Cuelgue un manojo de *Triticum* en casa para atraer el dinero.

Núm. 545

Tropaeolum

SIGNIFICADOS SIMBÓLICOS

Amor materno, amor paterno, conquista, esplendor, patriotismo, resignación, solidaridad, trofeo bélico, victoria en batalla

POSIBLES PODERES

Conocimiento, descruzar, estudio, protección, reencarnación, visión psíquica

Núm. 546

Tulipa

SIGNIFICADOS SIMBÓLICOS

Ajuste, amante perfecto, arrogante, aspiración, avance, conciencia espiritual, corazón de amante oscurecido por el corazón de la pasión, declaración de amor, determinación, distante, elegancia y gracia, ensoñación, especulación salvaje, fama, imaginación, importancia, lujuria, notoriedad, oportunidad, primavera, resurrección, riqueza, romance, romance absoluto, sensualidad, solidaridad, una declaración de amor, vanidad

POSIBLES PODERES

Amor, prosperidad, protección

CURIOSIDADES

Protéjase de la mala suerte y la pobreza con una *Tulipa*.

U

Núm. 547

Ulex

SIGNIFICADOS SIMBÓLICOS

Afecto entrañable, amor en todas las estaciones, amor en todas las ocasiones, independencia, industria, inteligencia, ira, luz, vibración

POSIBLES PODERES

Dinero, protección

CURIOSIDADES

Originariamente, en Gales, los setos de *Ulex* se plantaban como medida preventiva para evitar las hadas, ya que no podían atravesar la espinosa hilera de arbustos.

Núm. 548

Ulmus

SIGNIFICADOS SIMBÓLICOS

Dignidad, dignidad y gracia, patriotismo

POSIBLES PODERES

Amor, protección

CURIOSIDADES

Se sabe que el *Ulmus* es el árbol favorito de los elfos. • Lleve encima trozos de corteza u hojas de *Ulmus* para atraer el amor.

Núm. 549

Ulmus rubra

SIGNIFICADOS SIMBÓLICOS

Independencia

POSIBLES PODERES

Detiene las habladurías

Núm. 550

Urtica dioica

SIGNIFICADOS SIMBÓLICOS

Calumnia, crueldad

POSIBLES PODERES

Actitud, ambición, amor, armonía, artes, atracción, belleza, comprensión superior, conceptos espirituales, curación, dones de amistad, exorcismo, júbilo, lógica, lujuria, manifestación en forma material, pensamiento claro, placeres, procesos de pensamiento, protección, sensualidad

CURIOSIDADES

Lleve *Urtica dioica* en una bolsita para eliminar una maldición y mandársela de vuelta a quien la creó.

V

Núm. 551

Vaccinium corymbosum

SIGNIFICADOS SIMBÓLICOS

Plegaria

POSIBLES PODERES

Aplicar el conocimiento, controlar los principios inferiores, descubrir secretos, eliminar la depresión, encontrar objetos perdidos, plano astral, protección, protección contra ataques psíquicos, regeneración, sensualidad, vencer el mal, victoria

CURIOSIDADES

Ponga algunas bayas de *Vaccinium corymbosum* debajo del felpudo de la entrada para evitar que entren en el hogar personas malintencionadas o desagradables, así como para protegerlo de energías negativas.

Núm. 552

Vaccinium myrtillus

SIGNIFICADOS SIMBÓLICOS

Deslealtad, traición

POSIBLES PODERES

Magia de los sueños, protección, romper maldición, romper maleficio, suerte

CURIOSIDADES

Llevar encima hojas de *Vaccinium myrtillus* atrae la buena suerte, aleja el mal y protege contra maldiciones y hechizos negativos.

Núm. 553

Vaccinium oxycoccus

SIGNIFICADOS SIMBÓLICOS

Amor, relación amorosa, romance sexual, sexualidad, vida sexual

POSIBLES PODERES

Cura para coración roto

Núm. 554

Vaccinium parvifolium

SIGNIFICADOS SIMBÓLICOS

Fe, ocios simples

POSIBLES PODERES

Magia de los sueños, protección, romper maleficios, suerte

Núm. 555

Vachellia farnesiana

SIGNIFICADOS SIMBÓLICOS

Disminución del amor, olvidemos, poesía

POSIBLES PODERES

Abundancia, amistad, amor, aprendizaje, astucia, autoconservación, avance, buen juicio, ciencia, comunicación, creatividad, crecimiento, curación, energía, éxito, fe, iluminación, iniciación, inteligencia, júbilo, liderazgo, luz, memoria, poder natural, precaución, protección, prudencia, purificación, robo, sabiduría, sueños proféticos, transacciones comerciales, vida, voluntad consciente

Núm. 556

Valeriana officinalis

SIGNIFICADOS SIMBÓLICOS

Buena disposición, disposición complaciente, facilidad

POSIBLES PODERES

Amor, aplicar el conocimiento, controlar los principios inferiores, descubrir secretos, eliminar la depresión, encontrar objetos perdidos, plano astral, protección, purificación, regeneración, sensualidad, sueño, vencer el mal, victoria

CURIOSIDADES

Se cuelga *Valeriana officinalis* en el hogar para protegerse de los rayos. • Coloca una ramita de *Valeriana officinalis* debajo de la almohada para que te ayude a dormir. • Si una mujer lleva una ramita de *Valeriana officinalis* los hombres la seguirán. • Coloca *Valeriana officinalis* en la habitación de una pareja que discute par aayudar a calmar sus desavenencias. • Coloca *Valeriana officinalis* debajo de una ventana para repeler el mal.

Núm. 557

Vanilla planifolia

SIGNIFICADOS SIMBÓLICOS

Elegancia, inocencia, pureza

POSIBLES PODERES

Amor, claridad mental, energía, lujuria, poderes mentales

CURIOSIDADES

Las flores de *Vanilla plantifolia* se abren una vez que han alcanzado su pleno desarrollo, desplegándose por la mañana y cerrándose al atardecer para no volver a abrirse jamás. Si la flor de *Vanilla plantifolia* no se poliniza por una abeja específica, un colibrí, o mediante polinización manual, la flor se marchita. • El fruto de *Vanilla plantifolia* tarda entre ocho y nueve meses en madurar. • Se cree que se fragancia puede inducir a la lujuria. • Lleve encima una vaina de *Vanilla plantifolia* para fomentar la claridad mental y mejorar la energía.

Núm. 558

Verbascum

SIGNIFICADOS SIMBÓLICOS

De buen carácter

POSIBLES PODERES

Adivinación, amor, exorcismo, invocación de espíritus, protección, salud, valor

CURIOSIDADES

Se dice que el *Verbascum*, si se lleva encima, infunde valor y atrae el amor. • Duerme sobre una almohada rellena de *Verbascum* para ahuyentar las pesadillas. • En la Índia, se considera que el *Verbascum* es una de las protecciones más poderosas contra la magia y los espíritus malignos, eficaz para desterrar la negatividad y los demonios. Por esta razón, a menudo se lleva consigo o se cuelga sobre puertas y ventanas. • En otro tiempo, los jóvenes de la región montañosa de Ozark practicaban una adivinación amorosa con *Verbascum*: buscaban una planta viva y la inclinaban hacia la persona amada. Si el amor era correspondido, la planta volvía a erguirse; si la persona amada tenía interés en otro, la planta se marchitaba.

Núm. 559

Verbena officinalis

SIGNIFICADOS SIMBÓLICOS

Amor, belleza, castidad, cooperatividad, cura para el desamor, descanso, dinero, embelesamiento, esperanza en la oscuridad, habilidades, inculca el amor y el aprendizaje, inspira el arte, inspira la creatividad, juventud, me encantas, paz, problemas, reza por mí, seguridad, sensibilidad, sensibilidad

POSIBLES PODERES

Amor, brujería, curación, dinero, encantamiento, fuerzas divinas, fuerzas sobrenaturales, juventud, ofrenda divina, paz, poder femenino, poder femenino, protección, protección contra la brujería, protección contra la depresión, protección contra las emociones negativas, protección contra los vampiros, purificación, remedio contra el exceso de entusiasmo, repele a las brujas, repele a los vampiros, repele la negatividad, repele las malas intenciones, sueño

CURIOSIDADES

Cuenta la leyenda que se utilizó *Verbena officinalis* para detener la hemorragia de las heridas de crucifixión de Jesús después de que lo bajaran de la cruz. • En la antigua Roma, se ataba *Verbena officinalis* en haces y se usaba como escoba ceremonial para barrer los altares. • Lleve encima *Verbena officinalis* como amuleto de protección. • Ponga *Verbena officinalis* en casa para protegerla de tormentas destructivas y rayos. • Esparza *Verbena officinalis* por casa para atraer la paz al hogar. • Cultive *Verbena officinalis* en el jardín para estimular una producción abundante en las demás plantas. • Lleve encima una ramita de *Verbena officinalis* como símbolo de juventud eterna. • Coloque *Verbena officinalis* debajo de la cama o la almohada para protegerse de los sueños dañinos. • Para descubrir si alguien le ha robado algo, lleve encima una ramita de *Verbena officinalis* y pregunte directamente a la persona sospechosa de la sustracción si ha sido ella.

Núm. 560

Veronica chamaedrys

SIGNIFICADOS SIMBÓLICOS

Facilidad, lealtad

CURIOSIDADES

En la Inglaterra del siglo XVIII, la creencia generalizada de que con *Veronica chamaedrys* se podía curar la gota casi erradicó la planta.

Núm. 561

Veronica spicata

SIGNIFICADOS SIMBÓLICOS

Semblanza

CURIOSIDADES

En 1975, *Veronica spicata* se convirtió en especie protegida en el Reino Unido.

Núm. 562

Viburnum opulus

SIG. SIMBÓLICOS

Atado/a, bondad, buenas noticias, edad, ennui, flor del martes, invierno, joven cuando se es mayor, pensamientos del cielo, viajes celestiales

CURIOSIDADES

En todas las formas del arte popular, la música y la poesía ucranianas encontramos *Viburnum opulus*. • Las raíces simbólicas de *Viburnum opulus* se remontan al paganismo eslavo primitivo.

Núm. 563

Viburnum tinus

SIG. SIMBÓLICOS

Atenciones delicadas, muero si me descuido, una señal

POSIBLES PODERES

Alivio del dolor, alivio del malestar físico, concentración, meditación, paso entre mundos, relajación, respiración profunda

Núm. 564

Vicia sativa ☠

SIG. SIMBÓLICOS

Me aferro a ti, timidez, vicio

CURIOSIDADES

La *Vicia sativa* es una hierba con flores fundamental en la alimentación de los animales de pasto. • Se han encontrado restos carbonizados de *Vicia sativa* en varios yacimientos de Siria, Turquía, Bulgaria, Hungría y Eslovaquia que se remontan al Neolítico. • Los abejorros se encargan de la polinización cruzada de la *Vicia sativa*.

Núm. 565

Vinca major ☠

SIGNIFICADOS SIMBÓLICOS

Amistad temprana, amor temprano, apego temprano, dinero, dulces recuerdos, educación, memorias, placeres de los recuerdos, protección, recuerdos tempranos, recuerdos tiernos, remembranzas

POSIBLES PODERES

Amor, claridad mental, lujuria, poderes mentales, protección

Núm. 566

Vinca minor ☠

SIG. SIMBÓLICOS

Deseabilidad, dinero, dulce recuerdo, educación, placer de los recuerdos, primeros recuerdos, recuerdos, recuerdos dulces, tiernos recuerdos

SIGNIFICADO ESPECÍFICO POR COLOR: Azul: apego temprano, amistad temprana

SIGNIFICADO ESPECÍFICO POR COLOR: Blanco: placeres de la memoria., recuerdos agradables

POSIBLES PODERES

Amor, claridad mental, destierra la energía negativa, lujuria, protección

CURIOSIDADES

Se cree que si se contempla las flores de *Vinca minor*, los recuerdos perdidos vuelven a uno mismo.

Núm. 567

Viola ☠

SIGNIFICADOS SIMBÓLICOS

Afecto, capacidad artística, fidelidad, honestidad, lealtad, modestia, pensamientos, piensa en mí, recuerdo reflexivo, simpleza, virtud

POSIBLES PODERES

Adivinación, amor, calma los ánimos, induce al sueño, sensibilidad psíquica

Núm. 568

Viola odorata ☠

SIG. SIMBÓLICOS

Modestia

POSIBLES PODERES

Amistad, amor, armonía, atracción, belleza, curación, deseos, júbilo, las artes, lujuria, paz, placer, protección, regalos, sensualidad, suerte

CURIOSIDADES

Lleve encima *Viola odorata* para protegerse de los espíritus malignos. • Lleve encima *Viola odorata* para tener buena suerte. • Se cree que si se coge la primera *Viola odorata* que se encuentra en primavera, puede pedirle un deseo y se hará realidad.

Núm. 569

Viola sororia ☠

SIGNIFICADOS SIMBÓLICOS

Lealtad

POSIBLES PODERES

Amistad, amor, armonía, atracción, belleza, curación, deseos, júbilo, las artes, lujuria, paz, placer, protección, regalos, sensualidad, suerte

Núm. 570

Viola tricolor ☠

SIG. SIMBÓLICOS

Alegría, algarabía, cuidar, estás en mis pensamientos, memoria, no me olvides, ocupas mis pensamientos, pensamientos, pensamientos románticos, pensativo/a, piensa en mí, recuerdo, recuerdos entrañables del amor y la bondad de los que han pasado, reflexión, reflexivo/a, unión

POSIBLES PODERES

Adivinación, adivinación del amor, amuleto de amor, magia de lluvia

CURIOSIDADES

La *Viola tricolor* era un ingrediente común en las pociones de amor celtas, ya que se consideraba que sus pétalos en forma de corazón capaces de curar un corazón roto. • En muchas partes del mundo, la *Viola tricolor* es la flor más asociada con el amor en San Valentín, y a menudo se intercambia entre enamorados. • Se dice que, según una superstición, si se recoge una *Viola tricolor* aún húmeda de rocío, causará la muerte de un ser querido, y el llanto persistirá hasta la próxima luna llena. • Lleve encima una flor de *Viola tricolor* para atraer el amor. • Para atraer el amor a su vida, plante *Viola tricolor* en su jardín en forma de corazón. Si crece, también lo hará el amor.

Núm. 571

Vitis vinifera

SIGNIFICADOS SIMBÓLICOS

Amistad, conexión, crecimiento, embriaguez, estado mental fluido, intoxicación, oportunidad, renovación

W

Núm. 572

Warszewiczia coccinea

SIGNIFICADOS SIMBÓLICOS

Carácter imperecedero de la vida

POSIBLES PODERES

Afrodisíaco

Núm. 573

Wasabia japonica

SIG. SIMBÓLICOS

Despertar intenso

POSIBLES PODERES

Curación, sabor, salud

CURIOSIDADES

La raíz de *Wasabia japonica* es tan picante como el rábano picante y se tritura hasta formar una pasta de color verde claro, conocida como «wasabi», que se utiliza como condimento en platos asiáticos, como el sushi. Debido al gran atractivo del sushi y al condimento wasabi, resulta complicado mantener el cultivo de plantas de wasabi para satisfacer la creciente demanda. Como alternativa, se utiliza una mezcla sustitutiva común elaborada con rábano picante, mostaza y un almidón, como harina de arroz, al que se añade colorante alimentario verde. Esta mezcla se envasa en recipientes etiquetados como «wasabi» para comercializarse, principalmente en el hemisferio occidental. En la mayoría de los casos, estos productos no contienen ni una pizca de wasabi auténtico. El wasabi falso tiene un sabor similar al original, pero es más picante y su sabor dura más tiempo. • Las plantas de wasabi auténtico son muy poco comunes fuera de Japó, donde la verdadera pasta de wasabi solo se encuentra en establecimientos de muy alto nivel. • Una de las diferencias clave entre el wasabi falso y el auténtico radica en su textura: el falso es cremoso y suave, mientras que el verdadero tiene una textura rallada y algo arenosa. Además, el auténtico se sirve fresco y rallado, mientras que la versión falsa se prepara a partir del polvo mencionado anteriormente.

Núm. 574

Wisteria floribunda

SIG. SIMBÓLICOS

Bienvenida bella forastera, seamos amigos, tu amistad me agrada

POSIBLES PODERES

Amor, apoyo, aumento de la vibración, conflicto, devoción, dicha, inmortalidad, longevidad, promueve la receptividad psíquica, prosperidad, sensibilidad, sensualidad, superar un obstáculo, ternura

CURIOSIDADES

Las glicinias pueden vivir durante siglos, con una media de alrededor de cien años. En Japón, hay una glicinia que, según se dice, tiene 1200 años. • En Corea, existe una leyenda sobre el origen de la glicinia que narra cómo dos hermanas, al enamorarse del mismo guerrero, se arrojaron a un estanque. Al morir, se transformaron en glicinias.

Núm. 575

Wisteria frutescens ☠

SIG. SIMBÓLICOS

Amor, bienvenida, juventud, poesía, protección

POSIBLES PODERES

Aliviar el estrés, amor, bendición divina, calmar, confort, curación de la pena, la edad aumenta la belleza, sabiduría, suavizar

Núm. 576

Wisteria sinensis ☠

SIGNIFICADOS SIMBÓLICOS

Bienvenida bella forastera, seamos amigos, tu amistad me agrada

POSIBLES PODERES

Promover la receptividad psíquica, prosperidad, reunir vibraciones, superar obstáculos

Núm. 577

Withania somnifera ☠

SIGNIFICADOS SIMBÓLICOS

Decepción

CURIOSIDADES

En sánscrito, el nombre común de «Ashwagandha» significa «olor a caballo», lo cual describe adecuadamente la fragancia de *Withania somnifera*.

X
Y
Z

Núm. 578

Xanthium strumarium ☠

SIGNIFICADOS SIMBÓLICOS

Impertinencia, rudeza

CURIOSIDADES

El pueblo zuni creía que *Xanthium strumarium* podía protegerles de las espinas de los cactus.

Núm. 579

Xeranthemum annuum

SIGNIFICADOS SIMBÓLICOS

Alegría en condiciones adversas, alegría en la adversidad, eternidad, inmortalidad, recuerdo inmortal

POSIBLES PODERES

Eternidad, inmortalidad

Núm. 580

Yuca

SIGNIFICADOS SIMBÓLICOS

Lealtad, nuevas oportunidades, protección, pureza

POSIBLES PODERES

Protección, purificación, transmutación

CURIOSIDADES

La *Yucca* se encuentra comúnmente en los cementerios rurales del Medio Oeste de Estados Unidos, y cuando florece, sus flores parecen apariciones flotantes o «fantasmas». • Las fibras de *Yucca* trenzadas en forma de cruz y colocadas en el centro del hogar protegen la casa del mal. • Se cree que si una persona salta a través de un lazo de *Yucca* retorcida, se transformará mágicamente en un animal.

Núm. 581

Yucca gloriosa

SIGNIFICADOS SIMBÓLICOS

Amigo/a que necesita ayuda, mejores amigos

POSIBLES PODERES

Eliminación de maleficios, protección, purificación, transmutación

Núm. 582

Zamioculcas zamiifolia ☠

SIGNIFICADOS SIMBÓLICOS

Buena fortuna, constancia, crecimiento

POSIBLES PODERES

Buena fortuna, suerte

CURIOSIDADES

Aunque botánicamente está catalogada como «planta con flor», la *Zamioculcas zamiifolia* es una planta que rara vez produce una flor.

Núm. 583

Zantedeschia aethiopica

SIGNIFICADOS SIMBÓLICOS

Belleza, belleza femenina, belleza magnífica, belleza majestuosa, belleza y el precio ganado por la sabiduría compartida a lo largo del tiempo, delicadeza, garbo, modestia, religión, transición y crecimiento

POSIBLES PODERES

Arrepentimiento, declaración de religiosidad, espiritualidad

CURIOSIDADES

La *Zantedeschia aethiopica* es una de las flores más antiguas que se conocen. • Según una leyenda, la *Zantedeschia aethiopica* creció en el lugar en el que cayeron las lágrimas de dolor y arrepentimiento de Eva cuando ella y Adán abandonaban el jardín del Edén.

Núm. 584

Zantedeschia albomaculata

SIGNIFICADOS SIMBÓLICOS

Castidad, enardecimiento, gran calor, lujuria, muerte prematura, sexualidad

POSIBLES PODERES

Castidad, enardecimiento, gran calor, lujuria, muerte prematura, sexualidad

CURIOSIDADES

La *Zantedeschia albomaculata* se asocia con la castidad de la Virgen María. • Dado que la *Zantedeschia albomaculata* se ha vinculado tanto a la castidad como a la sexualidad y la lujuria, según la tradición romana, resulta muy apropiado que esta flor forme parte del ramo de novia.

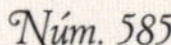

Núm. 585

Zanthoxylum

SIGNIFICADOS SIMBÓLICOS

Corazón amarillo

POSIBLES PODERES

Amor

Núm. 586

Zea mays

SIGNIFICADOS SIMBÓLICOS

Abundancia, riña, riqueza

Zea mays rota: riña

Mazorca de Zea mays: delicadeza

Paja Zea mays: acuerdo

POSIBLES PODERES

Adivinación, suerte, protección

CURIOSIDADES

Hay quien cree que colocar una mazorca de *Zea mays* en la cuna de un bebé lo protegerá de las energías y fuerzas negativas. • Un manojo de cáscaras de *Zea mays* sobre un espejo atraerá la buena suerte a la casa.

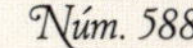

Núm. 587

Zephyranthes

SIGNIFICADOS SIMBÓLICOS

Abnegación, amor, caricias cariñosas, cura para el desamor, enfermedad, expectación, me pregunto si me ayudarías, pena, sinceridad

POSIBLES PODERES

Curación, ayuda, amor

Núm. 588

Zinnia

SIGNIFICADOS SIMBÓLICOS

Amigos ausentes, amistad, lealtad, lloro tu ausencia, pensamientos de amigos ausentes, pensar en amigos, te echo de menos

CURIOSIDADES

Las hojas ásperas de *Zinnia* parecen papel de lija fino. • Las flores más viejas de *Zinnia* seguirán teniendo un aspecto fresco mientras las flores más nuevas comienzan a abrirse.

REFERENCIAS BIBLIOGRÁFICAS

Acamovic, T, C.S. Stewart y T.W Pennycott, ed., *Poisonous Plants and Related Toxins* (Cabi, 2004).

Arrowsmith, Nancy, Calantirniel, et al, *Llewellyn's 2010 Herbal Almanac* (Llewellyn Publications, 2010)

Australian National Botanic Gardens Centre for Australian National Biodiversity Research, https://www.cpbr.gov.au

Bailey, L.H., Ethel Zoe Bailey, Staff of Liberty Hyde Bailey Hortotorium y David Bates, *Hortus Third: A Concise Dictionary of Plants Cultivated in the United States and Canada* (Macmillan, 1976)

Baynes, Thomas Spencer, Day Otis Kellogg y William Robertson Smith, *The Encyclopedia Britannica* (Encyclopaedia Britannica, 1897)

Behind the Name, «The Etymology and History of First Names», https://www.behindthename.com

Beyerl, Paul, *A Compendium of Herbal Magick* (Phoenix Publishing Inc., 1998)

Biodiversity Heritage Library, https://www.biodiversitylibrary.org

Blanchan, Neltje, *Wildflowers Worth Knowing*, (Doubleday, 1917)

Brickell, Christopher, *The Royal Horticultural Society A-Z Encyclopedia of Garden Plants*, (Dorling Kindersley Publishers Ltd, 1996)

Buhner, Stephen Harrod y Brooke Medicine Eagle, *Sacred Plant Medicine: The Wisdom in Native American Herbalism* (Bear & Company, 2006)

Chauncey, Mary, ed., *The Floral Gift from Nature and the Heart* (Jonathan Grout, Jr., 1847)

Coats, Alice M. y John L. Creech, *Garden Shrubs and Their Histories* (Simon & Schuster, 1992)

Coombes, Allen J., *The Collingridge Dictionary of Plant Names* (Hamlyn, 1985)

Connecticut Botanical Society, https://www.ct-botanical-society.org

Cullina,William, *The New England Wildflower Society Guide to Growing and Propagating Wildflowers of the United States and Canada* (Houghton Mifflin Harcourt, 2000)

Culpeper, Nicholas, *The Complete Herbal* (1662 edition), https://www.bibliomania.com

Cunningham, Scott, *Magical Herbalism: The Secret Craft of the Wise* (Llewellyn's Practical Magick, 1986)

Cunningham, Scott, *Cunningham's Encyclopedia of Magical Herbs* (Llewellyn Publications, 1985)

Delaware Valley Unit of the Herb Society of America, https://www.delvalherbs.org

Delforge, Pierre, *Orchids of Europe, North Africa and the Middle East* (Timber Press, 2006)

Dobelis, Inge N., Magic and Medicine of Plants

Editors of Sunset, *Sunset Western Garden Books*

eFloras.org, https://www.efloras.org

California Department of Food & Agriculture, http://www.cdfa.ca.gov

Fairchild Tropical Botanic Garden, http://www.fairchildgarden.org

Francis, Rose, *The Wild Flower Key: A Guide to Plant Identification in the Field* (Frederick Warne & Co., 1981)

Greenaway, Kate, *Language of Flowers* (F. Warne, 1901)

Grieve, Maud, Mrs., *A Modern Herbal*, Volúmenes 1 y 2 (Dover Publications, 1971)

Gualtiero Simonetti y Stanley Schuler, ed., *Simon & Schuster's Guide to Herbs and Spices*, (Simon & Schuster, 1990)

Harner, Michael J., ed., *Hallucinogens and Shamanism* (Oxford University Press, 1973)

Harvard University, *Flora of China* (2007)

Harvard University Herbaria & Libraries, https://kiki.huh.harvard.edu/databases/botanist_index.html

Hazlitt, William Carew y John Brand, *Faiths and Folklore and Facts: A Dictionary* (Charles Scribner's Sons, 1905)

Hoffman, David, *The Complete Illustrated Holistic Herbal: A Safe and Practical Guide to Making and Using Herbal Remedies*, (Element Books Ltd, 1996)

Howard, Michael, *Traditional Folk Remedies: A Comprehensive Herbal* (Century, 1987)

Hutchens, Alma R., *Indian Herbalogy of North America: The Definitive Guide to Native Medicinal Plants and Their Uses* (Shambhala, 1991)

Huxley, Anthony, Mark Griffiths y Margot Levy, *The New Royal Horticultural Society Dictionary of Gardening* (Macmillan Press, 1992)

Ildrewe, Miss, *The Language of Flowers* (De Vries, Ibarra, 1865)

Ingram, John, *The Language of Flowers, or Flora Symbolica* (Frederick Warne and Company, 1897)

Duke, James A., Peggy-Ann K. Duke y Judith L. duCellie, *Duke's Handbook of Medicinal Plants of the Bible* (CRC Press, 2007)

Johnson, Arthur Tysilio y Henry Augustus Smith, *Plant Names Simplified* (1964)

Kew Royal Botanic Gardens, World Checklist of Selected Plant Families (WCSP), http://wcsp.science.kew.org/home.do

Kilmer, John, *The Perennial Encyclopedia* (Crescent Books, 1989)

Kepler, Angela Kay, *Hawaiian Heritage Plants* (University of Hawaii Press, 1998)

Lad, Dr. Vasant K., *Ayurveda: The Science of Self-Healing* (Lotus Press, 1985)

Leighton, Ann, *American Gardens in the Eighteenth Century* (University of Massachusetts Press, 1976)

Lust, John, *The Herb Book: The Most Complete Catalog of Herbs Ever Published* (Bantam Books, 1979)

McGuffin, Michael, *American Herbal Products Association's Botanical Safety Handbook* (American Herbal Products Association)

McKenny, Margaret y Roger Tory Peterson, *A Field Guide to Wildflowers of Northeastern and North-central North America* (Houghton Mifflin Company, 1968)

Mehl-Madrona, Lewis, M.D. y William L. Simon, *Coyote Medicine: Lessons from Native American Healing* (Scribner, 1997)

Missouri Botanical Garden, http://www.missouribotanicalgarden.org/gardens-gardening.aspx

Ody, Penelope, *The Complete Medicinal Herbal* (Dorling Kindersley, 1993)

Parsons, Prof. W.F. Y J.E. White, *Parsons' Hand-Book of Forms: A Compendium of Business and Social Rules and a Complete Work of Reference and Self-Instruction*, 13th ed. (The Central Manufacturing Co., 1899)

Phillips, Edward, *The New World of Words* (1720)

Phillips, Roger, *The Photographic Guide to More than 500 Trees of North America and Europe* (Random House, Inc., 1979)

Plants for a Future, https://pfaf.org

Puri, H.S., *Neem: The Divine Tree Azadirachta Indica* (CRC Press, 1999)

Robinson, Nugent, *Collier's Cyclopedia of Commercial and Social Information and Treasury of Useful and Entertaining Knowledge* (P. F. Collier, 1892)

Rushforth, Keith, *Trees of Britain and Europe* (Collins Wild Guide, 1999)

Simoons, Frederick J., *Plants of Life, Plants of Death* (University of Wisconsin Press, 1998)

Smithsonian National Museum of Natural History, «Index Nominum Genericorum (ING)», https://naturalhistory2.si.edu/botany/ing»

Surburg, Horst y Johannes Panten, ed., *Common Fragrance and Flavor Materials: Preparation, Properties and Uses* (Wiley, 2006)

Taylor, Gladys, *Saints and Their Flowers* (A. R. Mowbray & Co., 1956)

Theoi Project, «Flora 1: Plants of Greek Myth», https://www.theoi.com/Flora1.html

Tyas, Robert, *The Language of Flowers, or Floral Emblems of Thoughts, Feelings, and Sentiments* (George Routledge and Sons, 1869)

Tutin, T.G., N.A. Burges, et al, *Flora Europaea*, Second ed., (Cambridge University Press, 1993)

USDA (United States Department of Agriculture) Natural Resources Conservation Service, https://www.nrcs.usda.gov/wps/portal/nrcs/site/national/home

Waterman, Catharine H., *Flora's Lexicon: An Interpretation of the Language and Sentiment of Flowers* (Phillips, Sampson, and Co., 1855)

Wichtl, Max, *Herbal Drugs and Phytopharmaceuticals: A Handbook* (Medpharm, 2004)

Wood, John, *Hardy Perennials and Old Fashioned Flowers* (Pinnacle Press, 2017)

AGRADECIMIENTOS

Mi querida hija Melanie y mi estimado amigo Robert me animaron a seguir adelante con este enorme y, en ocasiones, abrumador proyecto durante los más de veinte años que tardé en recopilar y organizar toda la información. Gracias por creer en mí y por reconocer el tiempo y el esfuerzo invertidos en esta obra.

Mi más sincero agradecimiento al editor jefe, John Foster, por su visión y firme convicción de que este sería un libro absolutamente magnífico; a la editora jefa, Cara Donaldson, y al Departamento de Arte de Quarto, que lograron encontrar todas estas imágenes y diseñaron el volumen para plasmar con claridad esa visión: sois todos extraordinarios. Gracias por tener fe en este proyecto y hacer realidad uno de mis sueños.

Quiero dedicar este libro de todo corazón a Melanie y a mi yerno Jason, así como a su familia en crecimiento, Noah, Dakota y Ciaran, y muy especialmente a mis preciosas bisnietas Daphne y Maggie y a los posibles hermanos que puedan llegar a tener algún día, además de a todas las personas del mundo a las que les encantan las plantas. Paz y amor para todos.

ACERCA DE LA AUTORA

El cultivo de plantas en macetas durante la primavera, el verano y el otoño en el balcón de un pequeño apartamento es especialmente apreciado en las Enchanted Mountains, un lugar al oeste del estado de Nueva York en el que la temporada de cultivo dura muy poco y donde vive la ecléctica artista y escritora S. Theresa Dietz. Sus más de veinte años dedicados a investigar el simbolismo y los poderes de la floriografía se deben a su fascinación por todo lo mágico y misterioso, así como a su profundo amor por los árboles, las plantas y las flores.

CRÉDITOS FOTOGRÁFICOS

Salvo que se indique lo contrario, todas las imágenes son de © Shutterstock.com

El patrón del apartado «Cómo utilizar este libro» es de Piñata/Creative Market

© Foto de archivo de Alamy: 18 (*Bougainvillea spectabilis*), 74 (*Kennedia coccinea*), 112 (*Quercus alba*), 142 (*Trillium grandiflorum*)

© Foto de archivo de Alamy/ imageBROKER: 17 (*Avena sativa*), 85 (*Lythrum salicaria*), 133 (*Sorbus domestica*)

© Foto de archivo de Alamy/ The History Collection: 85 (*Lysimachia nummularia*)

© Foto de archivo de Alamy: Artokoloro Quint Lox Limited, 144 (*Ulex europaeus*)

© Foto de archivo de Alamy: Botanical art/Bildagentur-Online, 45 (*Epiphyllum truncatum*), 154 (*Xeranthemum annuum*)

© Foto de archivo de Alamy: 44 (*Echinacea purpurea*), 75 (*Koelreuteria paniculata*), 128 (*Sassafras albidum*)

© Foto de archivo de Alamy: Markku Murto/Art, 120 (*Rosa rubiginosa zabeth*)

© Foto de archivo de Alamy: The Natural History Museum, cover (*Paeonia*), 48 (*Tritonia crocatia*), 146 (*Narcissus tazetta*), 94 (*Rosa damascena celsiana*)

© Visual Language 1996 (inicio de los capítulos florales): 4, 8, 24, 36, 52, 68, 72, 76, 86, 94, 98, 102, 112, 124, 137, 144

ÍNDICE DE NOMBRES COMUNES DE LAS FLORES

ÍNDICE DE SIGNIFICADOS COMUNES DE LAS FLORES